Markus Peters

Irgendwas ist immer
Stories, Satiren und Kolumnen

CHORA

Erstveröffentlichung 2021
© 2021 dieser Ausgabe: CHORA Verlag, Duisburg
© 2017 Umschlagfoto: Alexander Jecker, Luzern
© 2020 Autorenfoto: Natalia Engel, Köln
Alle Rechte vorbehalten

Buchgestaltung und Satz: Thomas Frahm, Duisburg

ISBN 978-3-929634-89-1

Printed in Germany

Markus Peters · Irgendwas ist immer

Irgendwas ist immer

Der Babytätowierer

Joschi war gekommen, Csilla, Kati und Paul. Sogar das Zentralorgan und der Russenschuss waren da. Mischa fehlte noch und das machte Horst nervös. Aber er zeigte es nicht. Er brummte nur, ich habe ja nicht ewig Zeit. Es war Samstag und er brauchte noch Bier.

Die kommt schon noch, sagte Csilla und dann stand Mischa tatsächlich in der Türe, so wie man sie kannte. Die Jeans aus der Kleiderkammer der Tafel, Camouflage-Tank-Top. Hinter sich der Kinderwagen, vierte Hand, den sie der Türkin abgekauft hatte, für 15 Euronen, inklusive des Geruchs von mehreren Schichten Sabber und Säuglingskotze. Da drinnen lag das Baby, ein Junge, inzwischen vier Monate alt und immer noch ohne Namen. Ich denke noch darüber nach, sagte Mischa, wenn man sie darauf ansprach. Und es war besser, wenn man nicht nachfragte.

An die Geburt erinnerten sich noch alle. Mischa hatte vorher nie darüber gesprochen. Auch als ihr Bauch schon dick war, behandelte sie ihre Schwangerschaft wie eine Art Erkältung. Nur ins Krankenhaus wollte sie nie, seit der Sache mit Petr. Der könnte nämlich noch leben, glaubt jedenfalls Mischa.

Und dann ging es doch nicht anders. Eines Nachmittags im Park schrie Mischa auf einmal auf und dann war da überall Blut. Sie musste schon seit Stunden Wehen gehabt haben, ohne dass sie sich etwas anmerken ließ. Die Hebamme war jedenfalls äußerst sauer gewesen. So kurz vor

Schichtende noch so ein schwerer Fall. Die kann mich mal, sagte Mischa am Tag danach auf der Wöchnerinnen-Station. Da war sie schon wieder ganz die Alte, neben ihrem Bett in einer Schale, wie in einer Auflaufform, das Neugeborene, satt und friedlich schlafend.

Die Klinik hatte das Kind vorsorglich auf Drogen getestet, wie sie es bei allen Müttern macht, die auf der Straße leben. Mischa war deswegen total beleidigt gewesen. Sie war als frischgebackene Mutter nicht wirklich glücklich, aber durchaus zufrieden. Und das war bei jemanden wie ihr schon gar nicht schlecht. Der Russenschuss hatte noch eine Krankenkassenkarte und altersmäßig hat es auch in etwa gepasst, so dass Mischa ihren Sohn auf den Ausweis ihrer engsten Freundin und größten Konkurrentin auf die Welt brachte.

Und du willst es wirklich machen lassen, fragte Horst. Es ist nämlich so, ich habe noch nie ein Baby tätowiert. Es wird schreien. Natürlich wird es schreien, sagte Mischa. Der Russenschuss lachte laut auf, verstummte aber, als sie merkte, dass niemand mitlachte. Dann nahm Mischa den kleinen Jungen aus dem Wagen.

Horst hatte die Liege frei gemacht, zwei dicke Decken drauf, auch die grobe vom Roten Kreuz. Zwei Mal hatte er die Nadel und die Maschine sterilisiert, denn er wollte ja keine Probleme bekommen, schon gar nicht mit Mischa. Er nahm die kleinste Nadel, mit der er sonst nur Konturen zeichnete, bei Tribals oder den großflächigen Tattoos auf Rücken oder Brust. Dann eben jetzt ein Baby. Es sollte ihm recht sein. Respekt vor der Aufgabe hatte er aber doch.

Es sollte eine Fledermaus werden, das stand schon seit Wochen fest. Vielleicht einen halben Zentimeter groß auf der Schulter. Die Haut des Babys war weich, so weich, wie es Horst noch nie gespürt hatte, auch nicht bei den ganz jungen Mädchen, die für das erste Tattoo noch die schriftliche Zustimmung ihrer Mütter mitbringen.

Kann ihn mal einer mit festhalten, fragte Mischa. Kati und Paul zögerten einen Moment, kamen dann aber doch. Horst stand längst der Schweiß auf der Stirn. Ich zittere, staunte er. Das war ihm noch nie passiert und es war fatal für seine Profession. Dann setzte er die Nadel an.

Das Baby, das in seinem bisherigen Leben kaum Schmerz, allenfalls Hunger gespürt hatte, war angesichts der neuen Empfindung verblüfft. Ein paar Augenblicke jedenfalls, dann schrie es, was die kleinen Lungen hergaben. Oh je, murmelte Csilla. Na, na, sagte der Russenschuss und Horst schwitzte noch mehr. Dann aber bemerkte er zu seinem Erstaunen, wie das Surren der elektrischen Nadel das Kind zu beruhigen schien. Zwar schrie der Junge immer noch empört auf, wenn Horst erneut ansetzte, doch es war beileibe nicht so schlimm, wie er gedacht hatte. Es muss schnell gehen, sagte sich Horst. Schnell und gut. Es wäre nicht gut, wenn Mischa reklamierte.

Ein winziger Faden Blut sickerte aus der Wunde, das Zentralorgan tupfte das Blut und die überschüssige Farbe weg und kicherte nervös. Bei Harry Potter ging das echt flotter, juxte der Russenschuss. Der Säugling protestierte immer noch lautstark, mehr aus Entrüstung als aus Schmerz, so kam es jedenfalls Horst vor, der sich aber mit so kleinen Kindern nicht auskannte.

Mischa sah keine Veranlassung, ihren erstgeborenen Sohn zu trösten. Allerdings stillte sie ihn kurz darauf und wechselte die Windeln. Da hatte Horst schon die vereinbarten 30 Euronen kassiert (Freundschaftspreis), er stand vor der Tür und paffte heftig.

Zwei Tage später bekam das Baby Fieber. Mischa hatte es zunächst mit Heiltee versucht, dann wurde es schlimmer und sie ging doch zum Arzt. Der entdeckte prompt das Tattoo und wollte sofort das Jugendamt anrufen. Mischa warf sich auf den Boden, schrie, tobte, bedrohte den Arzt, winselte, bot erst Sex, dann Prügel an, verstummte schließlich, kollabierte, kam wieder zu sich, und schrie, schrie, schrie.

Der Arzt, geschockt, hilflos, panisch, beruhigte erst Mischa und dann sich selbst. Das Baby kriegte Zäpfchen gegen das Fieber und eine leichte antibiotische Salbe für die entzündete Haut am Tattoo. Dann sprach niemand mehr davon. Damals hatte Mischa ihren Sohn schon Friedrich genannt. Tatsächlich Friedrich. Horst staunte. Ihre Spur und die des Kindes verloren sich irgendwann. Csilla sagte, sie hätte jemanden kennen gelernt und lebte jetzt auf dem Land.

Das Zentralorgan ging zurück zur Uni und machte ihren Abschluss als Jahrgangsälteste. Der Russenschuss starb anderthalb Jahre später auf einem S-Bahnhof im Osten. Eine Sache mit viel Blut. Was genau passiert ist, weiß man nicht.

Horst ist jetzt mit Danni zusammen und sie betreiben das Tattoo-Studio gemeinsam, daneben eine kleine Salatbar mit Vollwertküche. Horst sticht jetzt Biker, Polizisten, Nutten und Senatsangestellte auf ihrem Junggesellenabschied. Eines Tages, so vermutet er, könnte ein 15-, 16-Jähriger vor ihm stehen. Dann würde er sein T-Shirt über die Schulter ziehen, das Fledermaus-Tattoo zeigen und fragen: Hast du das gemacht?

Und der Babytätowierer würde nicken und dann würde er von Mischa erzählen und dem Russenschuss und dem Zentralorgan und all den anderen. Und dann würde Horst dem Sohn von Mischa noch ein Tribal am Oberarm stechen, einfach so, auf Kosten des Hauses. Denn für ihn wollte er ja nicht ewig der Babytätowierer bleiben.

Der Lottospieler

Walburga »die Titte« Oschmann verdankte ihren despektierlichen Spitznamen einer anatomischen Besonderheit, die sie weit über das Viertel hinaus zu einer Art Sehenswürdigkeit machte. Während sich ihre linke Brust zu einer ansehnlichen D-Körbchen-Größe entwickelt hatte, war die rechte Brust praktisch nicht vorhanden. »Ein Igel-Schnäuzchen«, sagte Heribert Korenke, der die fragliche Fehlbildung schon bei verschiedenen Gelegenheiten näher in Augenschein nehmen konnte. Verständlich, dass Walburga Oschmann über den Zustand ihres Vorbaus unglücklich war. »Der Mensch strebt schließlich nach Symmetrie«, sagte sie, meist nach dem dritten Ramazzotti, also so gegen elf Uhr vormittags.

Sie führte mit ihrer Krankenkasse seit Jahren eine rege Korrespondenz in dieser Angelegenheit, mit der Bitte, ihr die rechte Brust aufpolstern oder – falls nicht anders möglich – die linke Seite verkleinern zu lassen. Denn die von der Natur so nicht vorgesehene Ungleichheit verursachte bei der 43-Jährigen immer mehr unangenehme Rückenschmerzen.

Bei der Krankenkasse verstand man Walburgas Dilemma, sah sich aber rechtlich nicht in der Lage, sie von diesem zu befreien. Bei öffentlichen Auftritten war sie also weiterhin gezwungen, die eine Hälfte ihres BH's auszustopfen, damit sie für nicht allzu viel Irritation sorgte. Diese öffentlichen Auftritte beschränkten sich aber vorwiegend auf die Besuche beim Discounter, um Katzenfutter und Fertiggerichte für den täglichen Bedarf zu holen. Für ihre Basisversorgung mit Tabak und Alkoholika sorgte *Gerti's Stübchen*, gleich im selben Haus.

In seinem Leben war Heribert Korenke eigentlich nur auf seinen betagten Golf GTI stolz. Zwar war der schon seit langem nicht mehr fahrbereit, dennoch hing der Bauhelfer an ihm auf eine sentimentale Weise, weil es sonst nicht viel gab, an dem er groß hängen konnte.

Seit Jahren spielte Korenke für kleines Geld Lotto, war aber immer zu nervös, die Ziehung live im Fernsehen zu verfolgen. Stattdessen lauschte er auf seinem durchgesessenen senffarbenen Sofa, wie die Zahlen im Radio verlesen wurden. Und je mehr Zahlen er zu hören bekam und sich so sein erneutes Scheitern manifestierte, desto mehr steigerte sich seine Wut. Diese mündete schließlich in der wüsten Beschimpfung der Radio-Sprecherin: »Du Schlammfotze, du widerliche, miese Schlammfotze!«

Ihm gefiel der Ausdruck, also wiederholte er ihn ein paar Mal, während die Nachrichtensprecherin längst ungerührt beim Wetterbericht und der Verkehrslage angekommen war. Die Nachbarn kannten diese Auftritte und nahmen sie kommentarlos hin, nur Walburga rief gelegentlich durchs offene Fenster: »Lass mal gut sein, Heribert!«.

Man kann Korenkes Leben aber nicht als komplette Katastrophe bezeichnen. Es gab Tage, da fand er es insgesamt eigentlich ganz in Ordnung. Dann hörte er Musik von Tony Marshall oder schaute etwas im Frühstücksfernsehen. Doch diese Tage waren eher selten.

Das galt auch für den regnerischen Mittwoch, an dem sein Golf verschwand. Jeder hier kannte Korenkes Auto, nicht zuletzt, weil er ihn eigenhändig giftgrün lackiert hatte, mit einer billigen Farbe, die zügig wieder abblätterte. Doch weil Korenke in seinem sonstigen Leben kaum mehr als eine Fallnummer war, schien es ihm wichtig, mit seinem Auto Individualität zu zeigen. Und eines Morgens war dieses Auto weg, trotz des defekten Vergasers. Eigentlich hatte es unter der Straßenlaterne an der Mauer mit dem ACAB-Graffito geparkt, wo es schon ein halbes Jahr gestanden hatte, eben weil es einfach keinen Meter weiterkam. Und wohl jeder in der Straße erinnerte sich an den Tag, an dem der Golf den Geist aufgegeben hatte. Damals hatte der vor Wut weinende Korenke so heftig gegen die Fahrertüre getreten, dass diese eine deutliche Delle bekam.

Irgendwann später brach dann jemand die Scheibenwischer ab und knickte die Antenne um, was Korenke relativ gelassen nahm, da ihm das dazugehörige Autoradio schon lange vorher gestohlen worden war. Doch der plötzliche Verlust des Autos traf ihn stärker, als er sich selbst eingestehen wollte. »Futsch, einfach so«, fasste er es tief erschüttert gegenüber Walburga Oschmann zusammen, die noch den Morgenmantel trug und für ihren Nachbarn eine Tasse Pulverkaffee aufgebrüht hatte. »Naja«, sagte sie dann, um überhaupt etwas zu sagen, seufzte kurz, wollte ihre Rückenschmerzen erwähnen, verkniff es sich aber.

In den kommenden Tagen stromerte Korenke durch das Viertel, vage spekulierend, dass sein Auto in dem insgesamt maladen Zustand nicht weit kommen würde. Die Diebstahlsanzeige schob er immer wieder hinaus, nicht zuletzt, weil seine Begegnungen mit der Polizei bislang meist nicht sehr erfreulich verlaufen waren. Irgendwann stand er dann immer durchgefroren bei Walburga Oschmann vor der Tür, die bestenfalls eine Portion eingeschweißtes Nasi Goreng in die Mikrowelle schob, um dann, ihre Rückenschmerzen ignorierend, mit Korenke noch ein wenig zu schmusen. Mehr ging ja sowieso nicht mehr.

Und so gingen die Tage und Wochen ins Land, bis Korenke schließlich doch den Autodiebstahl bei der Polizei anzeigte. Dann aber ging alles ganz schnell. Die kleine, pummelige Polizistin ließ sich das Kennzeichen geben und forschte im Computer nach. »Da isser ja. Ein Golf GTI von '92, sagten Sie?« Korenke konnte sein Glück kaum fassen. Endlich wird alles wieder gut: »Wo steht er denn? Ich hole ihn gleich ab.«

»Tja, stehen tut er jetzt eigentlich nirgendwo mehr...«, sagte die Polizistin gedehnt und dann erklärte sie es ihm. Schon vor Monaten hatte irgendjemand bei der Stadt angerufen und den Golf als Schrottauto gemeldet. Dann hatte sich die Verwaltung erfolglos bemüht, den Besitzer herauszufinden: »Haben sie denn nicht den roten städtischen Aufkleber am Auto gesehen«, wunderte sich die Polizistin. Und Korenke dachte daran, dass er seinen letzten Umzug extra nicht gemeldet hatte, auch um den lästigen Briefen seiner Gläubiger zu entgehen. Genau deshalb konnte ihn auch die Stadt nicht erreichen.

Irgendwann hatte die Verwaltung dann den Golf abschleppen lassen. »Der ist inzwischen längst verschrottet«, meinte die Polizistin, nicht sicher, ob der Autobesitzer sie auch verstanden hatte. Hatte er aber. ›Du dusselige, frigide Arschkuh‹, wollte Korenke noch sagen, besann sich aber eines Besseren und sackte etwas in sich zusammen. Dann nickte er kurz und taumelte durch die Türe der Wache.

Wie betäubt schlich Korenke wieder zurück in seine Straße. Dieser Tag war gelaufen. Sein ganzes Leben war gelaufen. Ihm blieb nun nur noch der Besuch in der Lottoannahmestelle. »Na Heribert, isses mal wieder so weit«, begrüßte ihn Metin, der ihn so seit Jahren begrüßte, wenn er seinen Lottoschein abgab. Zwei Spielfelder gönnte er sich jeden Montag, mehr war einfach nicht drin.

Heribert hatte immer einen ganzen Stapel Lottoscheine zuhause, um im Falle eines Verschreibens auf alle Eventualitäten vorbereitet zu sein. Das Ausfüllen war stets eine Art rituelle Handlung, immer mit dem Kugelschreiber von der Kreissparkasse, den er nur für diesen Zweck verwendete. Andererseits schrieb Korenke sonst ja kaum etwas.

Die Zahlen für das erste Spielfeld waren seit Jahren immer dieselben, irgendwelche Geburtstage und Jahrestage, die Heribert aus Sentimentalität ausgewählt hatte. Das zweite Spielfeld wurde immer intuitiv ausgefüllt; ein Vorgang, der einige Zeit und Aufwand in Anspruch nahm. Meist schaltete Heribert dafür das Radio ein und drehte es etwas leiser. Dann machte er sich einen leicht gekühlten Tetra-Pak mit *Winzerstolz trocken* und eine Packung Salzstangen auf, ehe er sich gut eine Stunde lang der heiklen Aufgabe widmete, die möglichst vielversprechendste Zahlenkombination zu ermitteln.

Fast ärgerte es ihn, dass Metin so respektlos den aufwändig komponierten Spielschein entgegennahm. Aber er verkniff sich seine Wut, kaufte noch die obligatorischen zwei Päckchen Schwarzer Krauser und zahlte.

An der Bushaltestelle sah er ihn dann. Eingeklemmt zwischen Mülleimer und Sitzbank, leidlich geschützt vor Wind und Regen lag dort die Spielquittung eines vollständig ausgefüllten Lotto-Scheins. Korenke wollte zuerst seinen Augen nicht trauen, dann beugte er sich vor und fummelte den Schein aus der Ritze nahe dem Boden, ohne ihn zu zerreißen. Niemand war in der Nähe, der diesen Schein verloren haben könnte. Heribert strich den Zettel glatt und steckte ihn behutsam in seine Brieftasche. Auf den Gedanken, den Zettel als Fundsache abzugeben, kam er keinen Moment.

Denn Heribert Korenke war sich so sicher, wie noch nie zuvor in seinem Leben: Das war ein Zeichen. Erst der tragische und unersetzliche Verlust seines Autos, dann dieser magische Fund.

So jedenfalls erzählte er es Walburga Oschmann, die bei seinem Eintreffen gerade wieder mal mit ihrem Arzt telefonierte. Walburga zuckte mit den Achseln, schenkte ihm aber immerhin einen halben Schwenker Weinbrand ein: »Den kannste jetzt vertragen, was Heribert?« Und er nickte.

Die nächsten Tage lebte Korenke wie in Trance. Er sah sich außerstande, seine wenigen alltäglichen Routinen auszuführen, sogar das Radio blieb aus. Stundenlang starrte er auf den gekachelten und verkratzten Wohnzimmertisch, wo die Lottoquittung lag, die, da war er sich ganz sicher, für ihn die Eintrittskarte in ein neues, besseres Leben war: »Es muss ja gar nicht mal der Hauptgewinn sein«, erläuterte er Oschmann: »Ein paar Hunderttausend reichen – so als Grundstock. Ich brauche ja nicht viel.« Und Walburga nickte, mehr mit sich selbst beschäftigt.

Korenke achtete auch peinlich darauf, dass er keine Fenster öffnete, damit kein Durchzug den Lottoschein aus dem Fenster wehen würde. Zuzutrauen wäre es ihm, da machte er sich nichts vor. Am Tag der Lotto-Ziehung schien er zu fiebern, auch speichelte er heftig. Der größte Druck war, jetzt noch keine Pläne mit dem gewonnenen Geld machen zu können, auch wenn ihm das schwerfiel. Zum ersten Mal in seinem Leben spürte er sein Herz pumpen, sein Kopf war knallrot.

Gegen seine Gewohnheit schaltete er den Fernseher mit der Übertragung der Lottozahlen ein. Er verachtete die Lottofee für ihre belanglose Plauderei zur Einstimmung und schloss die Augen, als die 49 Kugeln mit einem nahezu synchronen »Klack« in den Plastikbehälter rollten.

Dieses Mal fluchte er nicht. Keine einzige Zahl stimmte, nicht eine einzige auf dem ganzen Schein – und wenn

Korenke ein wenig ehrlich zu sich selbst war, überraschte ihn das kein bisschen: »Scheibenkleister, Jägermeister«, murmelte er dann, als im Fernsehen bereits der Programmhinweis für den *Tatort* lief. Er wollte aufstehen, setzte sich dann wieder hin und befand, er hatte keine Kraft mehr für gar nichts. Auf dem zweiten, von ihm selbst ausgefüllten Schein, waren es immerhin drei Richtige, aber das sollte ihm erst einige Tage später auffallen.

Walburga Oschmanns Rückenschmerzen waren immer schlimmer geworden. Endlich vertraute sie ihre Katzen Sanne an und ging ins Krankenhaus. Drei Tage später hatte Korenke endlich Kraft genug gefunden, sie zu besuchen. Walburga saß in einem dunkelblauen Jogginganzug auf dem Bett. Als sie ihn sah, platzte es aus ihr heraus: »Brustkrebs. sie nehmen mir die linke Brust ab. Endlich. Nach all den Jahren.« Walburga weinte und strahlte ihn gleichzeitig an. »Ist nicht wahr«, sagte Korenke und weinte und lachte ebenfalls. »Das Leben ist manchmal so…«, sagte Walburga Oschmann und wandte sich ab, weil sie nicht wollte, dass Korenke noch länger ihre Tränen sah.

An diesen Moment dachte Heribert Korenke auch acht Monate später, als sie Walburga auf dem kleinen Stadtteilfriedhof beerdigten, er, der Metin, die Gülay, Sanne und die Gerti aus *Gerti's Stübchen*. »Der Herr ist mein Hirte«, hatte der Pfarrer gebetet, und Heribert war sich sicher, dass sich Walburga gewundert hätte: »Was soll das denn, ich bin doch kein Schaf.« Doch jetzt musste sich Heribert allein wundern.

300 Euro hatte Walburga ihm hinterlassen und die beiden Katzen; das hätte gereicht, um den Vergaser des Golfs reparieren zu lassen. Und um endlich mal wieder richtig Lotto zu spielen.

Bruder

Karin war noch unterwegs, als ich die Wohnungstüre hinter mir abschloss. Ich hatte ihr nichts erzählt. Die Strecke zum Heim kenne ich auswendig. Frank wartete schon vor der Tür. Ich ließ die Plattform des Transporters herunter, bis ich Franks Rollstuhl bequem darauf schieben konnte. Dann stellte ich die Bremsen des Rollstuhls fest. Den Rest machte die Hydraulik. Oben löste ich die Bremsen, schob den Rollstuhl in den Transporter und fixierte die Räder am Boden. Wir waren beide schweigsamer als sonst. Keine Geschichten aus meinem Büro, kein Klatsch von seinen Pflegern. Es war dunkel geworden und es hatte aufgehört zu regnen. Ich kletterte nach vorne und fuhr los.

Frank war angespannt, er wippte im Rollstuhl hin und her, mehr noch als sonst. Auch versuchte er sich unter dem Lederhelm zu kratzen, ein Zeichen von Nervosität, seit frühester Kindheit schon. Als wir durch die Straße fuhren, sah Frank aus dem Fenster. Speichel lief seinen Mundwinkel herunter. Ich fand einen Parkplatz.

Ich verlange zu viel von dir, sagte er von hinten, wir sollten wieder nach Hause fahren. Ein Krimi läuft im Fernsehen, kam es leise hinterher. Quatsch, sagte ich. Ich hievte den Rollstuhl wieder heraus und schloss den Wagen ab. Frank saß im Rollstuhl auf dem Bürgersteig, zitterte vor Kälte und vor Aufregung. Ich hatte vergessen, die Scheinwerfer auszuschalten und musste noch mal zurück. Wir hatten den Aluminiumrollstuhl genommen, er war leicht, aber Frank konnte ihn nicht alleine bewegen. Also manövrierte ich ihn am Hundedreck und zerbrochenen Bierflaschen vorbei.

Wir kamen zu den ersten Frauen, die in kleinen Gruppen mit dem Rücken zu den Schaufenstern standen. Ich sprach mit ihnen, und sie winkten ab. Lass uns wieder fahren, flüsterte Frank. Eine taxierte uns kurz, zuckte die Schultern und sagte: Scheiße, ich brauche das Geld. Sie ging uns voran, mit kleinen, entschlossenen Schritten. Sie trug alte Turnschuhe, keine High Heels. Ich hatte Schwierigkeiten, ihr mit dem Rollstuhl zu folgen. Frank schwitzte. Sie verschwand in einem Hauseingang. Es ging eine Treppe hoch. Frank ist leicht, doch der Rollstuhl war sperrig. Ein unbeleuchteter Flur, es roch nach Linoleum und Sagrotan. Fast wie in schlechten Filmen, flüsterte Frank. Was sagt er, fragte die Frau, von der wir jetzt wussten, dass sie sich Maja nannte. Nichts, antwortete ich.

Schließlich waren wir da: Ein kleines, schmales Zimmer, eine Campingliege, ein Brad-Pitt-Poster an der Wand, ein brummender Kühlschrank in der Ecke.

Wie geht es weiter, fragte ich. Sie setzte sich auf die Liege. Zuerst kriege ich das Geld. Ich gab es ihr. Frank lief der Speichel die Mundwinkel herunter. Ich wischte ab. Maja schaute an ihm vorbei, nicht abweisend, aber verunsichert. Sie blickte auf das Geld in ihrer Hand. Das ist vielleicht ein bisschen wenig, sagte sie leise. Warum, fragte ich. Ihre Mundwinkel schafften das verlegene Lächeln nicht ganz. Er törnt nicht sehr an. Ich legte noch einen Schein nach. Sie nickte und stand auf. Ich stellte mich hinter den Rollstuhl. Maja begann die ersten Knöpfe ihrer Bluse aufzumachen. Ihr Blick suchte meine Augen. Ich sah auf Frank. Die Bluse war herunter. Sie trug einen schwarzen BH. Im schlechten Licht sah die Narbe der Pockenschutzimpfung wie eine auf die Schultern gerutschte Brustwarze aus. Frank schaute. Maja streifte den Mini herunter. Ihre Unterwäsche war nicht sehr aufregend. Na, gefällt dir das, sagte sie zu Frank. Frank sagte nichts. Sie legte sich auf die Campingliege, turnte etwas herum. Dann zog sie den BH aus. Ihre Brüste rutschten auf die Rippen. Frank schaute. Sie stand wieder auf, ging zum Kühlschrank, kam mit einer Cola-Dose zurück. Mit der strich sie sich über die Brustwarzen, stöhnte. Ich wischte Frank den Speichel ab. Er schaute. Ihre Brustwarzen waren spitz geworden. Sie beugte sich zu Frank herunter. Na, willst du mal lutschen, sagte sie. Sie lachte überraschend hell. Bitte fassen Sie ihn nicht an, sagte ich leise. Sie zuckte zurück. Vielleicht fürchtete sie eine unkontrollierte Reaktion. Frank versuchte, sich umzudrehen. Einen Augenblick zögerte ich. Machen Sie weiter, sagte ich.

Sie streifte den Slip ab, drehte sich um, stützte sich auf der Liege ab, beugte sich herunter, spreizte die Beine und streckte den Po heraus. Frank schaute. Gut so, fragte sie. Ich wischte wieder seinen Speichel weg. Sie achtete auf Distanz zum Rollstuhl und wackelte mit den Hüften. Dann legte sie sich mit dem Rücken auf die Liege, zog die Knie an und spreizte die Beine. So blieb sie liegen. Frank schaute. Sie blickte mich hilfesuchend an. Weiter, fragte sie. Ja, sagte ich. Sie nahm die rechte Hand zwischen ihre Beine und begann sich zu massieren. Frank schaute. Es ist so wulstig bei ihr da unten, sagte er leise. Maja schauspielerte. Zwischendurch fragte sie, ob ich nicht Lust auf sie bekommen hätte.

Später fragte der Pförtner des Heimes, ob es schön war, im Tierpark. Als ich zuhause die Tür aufschloss, kam Karin gerade aus der Dusche. Ich presste sie gegen die Wand und versuchte sie zu nehmen. Sie rang nach Luft, lachte und küsste mich. Dabei sah sie mich an und ihr Gesichtsausdruck veränderte sich. Was ist los mit dir, fragte sie.

Freier Fall

Alles war schiefgegangen. Thompson hatte den Abgabetermin für das neue Konzept um 48 Stunden vorgezogen. Und jetzt blieb er doch nur zwölf Stunden in Paris. Aus Sicherheitsgründen konnten wir nicht riskieren, die Unterlagen via Fax oder Mail in sein Hotel zu schicken. Außerdem war bestimmt noch einiges zu erklären.
Ich musste sofort nach Paris. Doch der Ferienbeginn brachte die Autobahnen zum Kollabieren und den ICE stoppte irgendein Erdrutsch. Ein Linienflug war natürlich auch nicht mehr zu bekommen.
Immerhin bekam ich noch eine Privatmaschine gechartert, eine kleine, weiße Cessna, nicht gerade fabrikneu, weiß lackiert mit zwei schmalen roten Streifen an den Seiten. Ein Regenflug hatte seine Spuren als schmierige, schwarze Schlieren um den Propeller hinterlassen. Die Pilotin erwartete mich neben dem Rollfeld, dunkelbraune Haare mit einem Stirnband gebändigt, die Sonnenbrille hochgeschoben. Vielleicht war sie attraktiv, der dunkelblaue Overall zeigte nicht viel. Aber ihr Lächeln war offen und ihr Händedruck fest: »Ihr Büro hat mir gesagt, dass Sie schon mal mit einer Cessna geflogen sind. Dann kennen Sie sich ja aus. Schnallen Sie sich schon mal an, es geht gleich los.«
Sie beendete den Check und stieg ein: »Fliegen Sie gerne?« Ich nickte, aber wohl nicht überzeugend genug. Sie grinste: »Fallen Sie nicht auf die Schlagzeilen herein! Die Öffentlichkeit reagiert nur, wenn alle paar Monate mal eine

Cessna oder Beechcraft vom Himmel fällt. Täglich schwirren ein paar hundert dieser Maschinen quer über die Republik, ohne dass es jemandem auffällt.«

Sie strahlte sehr viel Sicherheit aus. Ich erinnerte mich an meinen letzten Linienflug. Bei der Unwetter-Landung auf Shiphol saß eine der Stewardessen zwei Plätze vor mir. Sie hatte wachsbleiche Züge und auch Minuten nach dem Ausrollen war sie nicht fähig, aufzustehen. Das baut nicht gerade auf.

Doch meine Pilotin war die Ruhe selbst. Mit einem Blick prüfte sie, ob ich mich angeschnallt hatte. Mich beunruhigte nicht, dass sie eine Frau war, doch ich registrierte das Chaos auf den hinteren Notsitzen, und der Geruch nach Maschinenöl und Kerosin ließ mich eine leckende Leitung befürchten.

Es kam der obligatorische knappe Dialog mit dem Tower. Dann brachte sie die Maschine auf die Piste und beschleunigte. Jede Unebenheit auf der Startbahn übertrug sich auf meinen Magen. Keine dreihundert Meter entfernt von uns setzte ein Interkontinental-Jet zur Landung an.

Mein Gesicht musste Bände sprechen: »Vertrauen Sie mir nicht?«, fragte sie. »Das habe ich nicht gesagt.« Sie lachte lautlos. Sie schob einige Regler vor, immer schneller wurde die Maschine, fast unmerklich hob sich ihre Schnauze. Lange vor dem Ende der Startbahn war die Cessna in der Luft und stieg in einem sanften Winkel. Ein unmerkliches Vibrieren ging durch die Maschine, verschwand in einer leichten Linkskurve, während unsere rechte Flügelspitze einige luftige Cirruswolken touchierte.

Mit den Fingerspitzen justierte sie das Flugzeug. Ein Teil des Kabinendachs war aus Plexiglas und zeigte den Himmel über uns, viel imposanter, als er von der Erde aussieht. Jegliche Anspannung war aus ihrer Haltung verschwunden.

»Na, wie war ich?«

»Exzellent«, bestätigte ich; offensichtlich genau das, was sie hören wollte.

»Einer meiner Kollegen macht beim Abheben immer die Augen zu und zählt dann von zwölf an rückwärts auf null. Piloten sind häufig etwas verrückt.«

Sie erzählte vom Chefpiloten einer internationalen Airline, der seine Flugangst mit Hochprozentigem bekämpft.

»Die Angst quält ihn, aber er kann nicht mehr ohne. Ich kann das gut verstehen.« Und während die Cessna einige bescheidene Schönwetterwolken kreuzte, berichtete sie von einem Regionalpiloten, der aus Angst vor Luftpiraten die Cockpit-Tür schon vor dem Start unter Schwachstrom setzt.

Ich fragte, weshalb sie Pilotin geworden ist.

»Mein erster Freund war Pilot. Gelegentlich nahm er mich mit, mit einer alten Propeller-Maschine. Er hat mir alles beigebracht. Die Prüfung war nachher kein Problem mehr.«

»Warum haben Sie sich getrennt, wenn ich fragen darf?«

»Das hat sich so ergeben. Eines Morgens flog er nach Griechenland und crashte in einen Berg.«

»Oh nein!«

»Es hört sich tragischer an, als es tatsächlich war. Er kam aus den Wolken und schon schlug er auf. Er hatte keine Zeit mehr gehabt, um sich zu erschrecken.«

»Und das macht Ihnen keine Angst?«

Sie lachte. »Nein, warum auch? Ich fliege, weil ich wissen will, wo meine Grenzen sind.«

Und wie um es mir zu beweisen, drosselte sie den Motor. Die Maschine vibrierte stärker und wir verloren etwas an Höhe. Auf einen Schlag wurde mir bewusst, wie filigran die Stabilität eines Flugzeugs ist.

Sie hatte eine hauchdünne Narbe auf der linken Wange.

Vielleicht starrte ich einen Moment zu lange, denn sie erklärte:

»Erinnerung an ein kleines Problem auf dem Flughafen von Sofia.« Sie hatte einen älteren Learjet von Wien nach Sofia gebracht. Beim Aufsetzen knickte das linke Fahrwerk ab und sie rutschte die ganz Länge der Landebahn entlang. »Dabei splitterte das Glas der Kanzel, obwohl es eigentlich nicht splittern soll. Voilà!«

Der Motor lief ruhig. Ihr Körper streckte sich.

»Eigentlich bin ich dankbar für diese kleinen Zwischenfälle. An-sonsten wäre mein Job vielleicht zu langweilig.«

»Und was machen Sie gegen diese Langeweile, wenn es keine kleinen Zwischenfälle gibt?«

Sie grinste: »Ich provoziere. Ich fliege dann und wann mit ausgeschaltetem Motor.«

Ich hielt das für einen Scherz, doch sie schüttelte den Kopf.

»Alles halb so wild. Das Risiko ist kalkulierbar. Wenn bei einem Flugzeug die Triebwerke ausfallen, fällt es nicht wie ein Stein zu Boden, sondern gleitet noch einige Sekunden weiter. Dann erst verliert es die Höhe und seine Stabilität, trudelt und schmiert ab. Ab diesem Punkt kann man nichts mehr machen.«

»Und das funktioniert?«

»Einmal habe ich mich bei einer kleinen amerikanischen Fluggesellschaft als Linienpilotin beworben. Sie ließen mich einen Probeflug mit einer alten Boing machen. Der Chefpilot der Gesellschaft und der Personalchef waren mit an Bord. Bei 30 000 Fuß Höhe stellte ich die Triebwerke ab. Es war ein großartiges Erlebnis für uns alle, aber sie haben mich nicht eingestellt.«

Es wurde ihre persönliche Marotte: Bei einem Flug nach Helsinki schaltete sie über der finnischen Seenplatte den

Motor ab. Hundertzwanzig Meter über der Wasseroberfläche fing sie die Maschine ab. Ihr Fluggast, ein älterer japanischer Geschäftsmann, zeigte sie bei der Flugaufsicht an. Niemand glaubte ihm. Außerdem war sie zu diesem Zeitpunkt nirgendwo auf dem Radar. Sie bereute nichts. Im Gegenteil.

Sie grinste mich an: »Was ist, wollen wir es mal riskieren?« Ich sah sie stumm an. Ich dachte an Paris, an Thompson, den Choleriker, dessen Zeit eigentlich schon lange vorbei ist, von dessen Unterschrift aber so viele Arbeitsplätze abhängen, meiner eingeschlossen. Ich dachte an Claudia und die Kinder, die Hypotheken und an das Boot, das ich vor zwei Jahren sehr günstig hätte haben können, und das ich mir dann doch nicht gekauft habe. Ich nickte.

Souverän griff sie in die Regler und schaltete den Motor aus. Sie flüsterte: »Man darf die Benzinzufuhr nicht unterbrechen, sonst kann die Maschine nicht mehr starten.«

Die Stille war unheimlich, nur der Wind pfiff an den Tragflächen und der Kabine vorbei. Die Maschine sackte ein Stück ab, doch die Steuerung folgte perfekt, sofort lag die Cessna wieder stabil. Doch sie fiel rapide. Der Höhenmesser schlug Kapriolen. Ich war im Nu schweißgebadet. Die Schnauze kippte nach vorn, doch die Pilotin reagierte sofort und pendelte die Maschine aus. Mit der rechten Hand drückte sie auf den Starter, der warmgelaufene Propeller reagierte sofort, die Maschine machte einen Satz nach vorne und wir stiegen wieder.

»Immerhin, fast sieben Sekunden ohne«, meinte sie. Am Horizont zerschnitten zwei französische Jagdbomber im Formationsflug den Himmel. Eine halbe Stunde später landeten wir sicher in Paris-Orly.

Ich flog danach noch öfter mit ihr. Nicht immer konnten wir das Spiel spielen. Manchmal war das Wetter nicht geeignet, hin und wieder fühlte sie sich auch nicht gut genug in Form. Vor zwei Jahren hörte ich das letzte Mal von ihr. Sie sollte eine alte Antonow von Riga nach Frankfurt überführen. Kurz vor der Landung brach eine Tankleitung. Für das zweite Triebwerk war die Belastung zu groß. Sie war schon im Sinkflug und hat die Maschine nicht mehr hochgekriegt.

Irgendwie passte es zu ihr. Vielleicht war dieser Crash der letzte definitive Kick, nach dem sie ihr ganzes Leben lang gesucht hatte. Doch der offizielle Bericht der Luftfahrtbehörde, im Internet veröffentlicht, belehrte mich eines Besseren. Die brennende Maschine war schnell gelöscht gewesen, die Flammen hatten das Cockpit nicht erreicht.

In ihrem Gesicht muss schiere Panik gestanden haben, ihre Hände hielten auch im Moment des Aufschlags das Steuerruder fest umklammert. Um die Leiche zu bergen, musste die Feuerwehr ihre Finger brechen, sonst hätte sie nicht losgelassen.

Durchreise

Von dem Haus ist fast nichts mehr übrig geblieben. Der Steg fault, Moos liegt wie ein Teppich auf den verrottenden Planken. Die Barkasse ist halb im Schlick versunken, an den Aufbauten hangelt sich Farn zum Ufer. In diesem Nebenarm ist der Fluss schon vor Jahren gestorben. Das Wellblech des Daches hat die Sonne entspiegelt. Dort fängt sich der Wind. Vielleicht heirate ich die Rothaarige von *Theo's Imbiss*. Vielleicht bleibe ich den Büchern treu. Vielleicht reise ich noch heute weiter. Nach ein paar Schritten im hüfthohen Gras Richtung Haus ist alles wie früher. Im Schatten der Treppe zogst du für mich zum ersten Mal das Kleid hoch. Du wolltest mir damals deinen Nabel zeigen. Auf den warst du sehr stolz. Dein Nabel ist eine kleine merkwürdige Narbe, gewunden wie eine junge Schnecke. Unter der Haut sind die Flecken der Tabak- und Rußpartikel.

Dieser Nabel hat eine Geschichte. Dein Vater hat ihn dir nach der Geburt mit einer glühenden Zigarre ausgebrannt. Das sei Familientradition, um Infektionen vorzubeugen; so wurde dir später gesagt. Es soll nicht wehtun. Das glaube ich aber nicht. Dein Nabel ist taub und er faszinierte mich.

An deinen Vater erinnere ich mich gut. Sein Körper wurde allmählich zum Biotop für Geschwüre. Ihm war klar, dass er bald sterben musste, also vermachte er seinen Körper der Wissenschaft. Er hing an dem kleinen Garten und wünschte, dass die Familie seine Asche unter den Komposthaufen mischte.

Genau so geschah es. Es war ein merkwürdiges Bild. Die ganze Familie trat an, streng gekleidet in blauer und schwarzer Seide. Ein Sonntagmorgen, später März, aber schon Frühling, trotz des gefrorenen Taus in den Blüten. Die älteste Tochter hielt die offene Urne und die Söhne hoben den Kompost an. Dann mischten sie die Asche, ein dunkelgraues Pulver, unter die verwesenden Blätter. Jahre später – du schlugst dir längst nicht mehr die Knie blutig – warst du es, die in diesen Humus die Erdbeerpflanzen setzte.

Der Boden mit den Resten deines Vaters gab den Erdbeeren Kraft, sie blühten so wie selten vorher. Aber der folgende Mai war verregnet und die Früchte faulten an den Sträuchern.

Manchmal jagte der Kater hinter dem Komposthaufen. Dann brachte er uns kleine Knochensplitter. Aber das war nichts von eurem Vater, lediglich die Überreste junger Igel, die die Eisheiligen nicht überstanden hatten.

Es war nicht der einzige Tod in unserer Jugend. Ich habe noch das Foto deiner Schwester, lachend am Steuer des Wagens, der nicht ankommen sollte. Vermutlich waren wir uns eines Wiedersehens zu sicher. Als ich damals deine Schwester beweinte, wurdest du eifersüchtig.

Ich sehe deinen Vater, wie er Fische aus dem Wasser holt, blasse, kleine, weiße Fische, die schon stanken, als sie am Haken zappelten. Ein anderes Mal waren sie groß, mit stahlblauen Bäuchen. Den schlitzte dein Vater auf. Es floss kein Blut. Aus den Bäuchen fielen kleinere Fische, teilweise halbverdaut. Das habe ich so nie wieder gesehen.

Manchmal spüre ich noch das Brummen des Dieselmotors in der Magengrube. Die Barkasse war alt, breit und komfortabel. Ganze Wochen ließen wir uns auf ihren Planken durch den Sommer treiben. Nie waren uns die Metropolen ferner als in diesen Stunden. Dein kleiner Bruder schwänzte die Schule, er war stolz, das Ruder auf Kurs halten zu dürfen. Die Tanker zogen an uns vorbei, auch die Schiffe der Weißen Flotte, mit ihren Decks voller Touristen, die ihre kleckernden Stangen Wassereis lutschten.

Ich wartete immer auf den Moment, an dem du die alte Gitarre nahmst. Dein Vater hatte sie von seiner Hochzeitsreise aus Italien mitgebracht. Du hast mit heiserer Stimme gesungen. Ich kenne noch jedes Wort in den Texten der Lieder. Dein Badeanzug war schwarz, dein Haar heller als sonst. Ich dachte damals, das erlebe ich nicht wirklich, das ist eine der Geschichten, die man alleine im Bett liest und die einem dann diesen Kloß in den Hals zaubern. Ich hatte durch nichts verdient, diese Augenblicke tatsächlich erleben zu dürfen. Vielleicht hätte ich dich malen sollen.

Manchmal stand die Sonne für Stunden wie festgeklebt über dem Fluss. Dann kamen die Dämpfe aus den Weidebüschen und dem Unterholz. Wir ließen unsere Unterschenkel ins Wasser hängen, doch es kühlte nicht mehr. Gab es etwas Verlässlicheres als die Aussicht auf ein Gewitter am Abend?

Ich weiß, du hast immer noch Angst vor diesen Hochsommerblitzen über dem Fluss. Ich weiß, wenn ich lächele, sieht man meine Zähne nicht.

Wir haben genau gewusst, wann die Jäger morgens aus dem Haus gegangen sind. Für jedes Tier haben wir gebetet, das sie schossen und das wir noch am selben Abend aßen, gewürzt mit Thymian und anderen Kräutern. Wir haben um jedes Spinnennetz getrauert, das die Stiefel der Jäger zerrissen haben.

Dein Onkel hatte Pfefferminzwein aus Tokyo mitgebracht. Keiner konnte das Etikett lesen. Wir waren schnell betrunken. Ich sehe dich wieder. Du hast getanzt, in Jeans, im Hemd deines Vaters, unter dem sich erstmals die Brust einer Frau abzeichnete. An diesem Nachmittag gab es viel zu entdecken. Ich weiß, wo dein Körper rund und weich ist. Ich kenne die Stellen, wo deine Haut so dünn ist, dass man den Herzschlag fast ungedämpft spüren kann.

Ich möchte mit dir wieder im brackigen Flusswasser baden, wie wir es taten, als wir noch Kinder waren. Ich möchte mit dir weinen, wie wir weinten, als wir die Falter durch die Flammen des Lagerfeuers fliegen sahen; die verbrannten mit einem merkwürdigen Knistern und manchmal glaubten wir, sie würden schreien. Ich möchte in deinem Bett liegen, wo es nach Petroleum und Hanf riecht, wie nirgendwo sonst auf der Welt.

Ich möchte, dass du verstehst, weshalb ich Angst habe; Angst, an dieser Stelle das Wort Liebe zu schreiben. Und ich möchte, dass du mir glaubst, wenn ich dir sage, dass diese Stadt mich noch nicht geholt hat.

Kolumnen

Shitstorm auf der Hundewiese
Bei Haustieren will die Namenswahl gut bedacht sein

Weshalb die Situation auf der Hundewiese letztlich so eskalierte, konnte im Nachhinein keiner der Beteiligten recht erklären. Günni Körschke wusch seine Hände jedenfalls desinfizierend in Unschuld: »Wir leben schließlich in einem freien Land. Mit freien Hunden.« Und da kann man ihm ja kaum widersprechen.

Nachdem Körschke zum wiederholten Male von seiner Freundin verlassen worden war, hatte er sich im Tierheim gleich drei Hunde als neue Lebensabschnittsbegleiter geholt. Bei einem davon handelte es sich um einen hüftdegenerierten Schäferhund aus dem Objektschutz-Ruhestand, der andere Hund war eine Pudeldame im unfreiwilligen Vintage-Look. Der dritte im Bund dürfte wohl das Resultat einer spontanen Orgie zwischen einer Golden-Retriever-Hündin und einem Dobermann gewesen sein. Die zwei betagten Rüden taufte Körschke auf die eingängigen Namen *Drecksack* und *Arschloch*, die Hundedame nannte er *Schlampe*, als kleine Hommage an sein ramponiertes Frauenbild.

Mit diesem fidelen Trio erschien Körschke eines Samstagmorgens auf der Hundewiese, wo er sich in den üblichen Ritualen wie Stöckchenwerfen, Bällchenholen oder Leckerlis spendieren erging. Dazu gab er die sachdienlichen Kommandos: »Eh Schlampe, komm her!« »Wo steckst du, Arschloch?« »Drecksack, benimm dich! Lass doch den doofen Jogger in Ruhe, der läuft auch so nicht schneller!«

Nun ist es schon erstaunlich, wie viele Passanten sich angesprochen fühlen, wenn jemand lauthals »Arschloch« oder »Schlampe« ruft – und in der Regel trifft es ja auch keinen Falschen. Gesi Hollenried allerdings, die auf der Hundewiese mit ihrem Gebirgsschweißhund Aloys das wöchentliche Agility-Training absolvierte, traute ihren Ohren nicht. Kaum hatte Körschke sein »Drecksack, kack da nicht hin!« gerufen, baute sich die passionierte Stadtrischka-Chauffeuse vor dem Friedhofsgärtner auf.

»Hören Sie, sind das Ihre Hunde?«

»Klar sind das meine Hunde.«

»Sie Hundehasser, was fällt Ihnen überhaupt ein? Wissen Sie nicht, wie diskriminierend solche Namen sind? Die armen Tiere bekommen doch einen Knacks!«

Körschke war nicht amüsiert: »Einen Knacks? Die Einzige, die hier einen Knacks hat, sind Sie, gnädige Frau! Und Ihr armer Kläffer muss das wahrscheinlich ausbaden, so fertig, wie der schon aussieht!«

Ein Wort (»Krampf-Tusse!«) gab das andere (»Hundeschänder!«). Drecksack, der sein Herrchen in Bedrängnis wähnte, reagierte jedenfalls artgerecht und schnappte mit seinen wackligen Zähnen zu. Das Resultat war eine fluchende und auf einem Bein hüpfende Gesi Höllenried.

Aloys, der Schweißhund der Attackierten, hatte den ganzen Vorgang interessiert beobachtet und keinen Anlass zum Eingreifen gesehen. Es war letztlich nur ein Kratzer auf Gesis flaumig behaartem linken Unterschenkel. So verzichtete Höllenried auf eine Anzeige, machte den Vorgang jedoch in ihrem Hunde-Blog (www.aloys-schnuffel-wuff.de) öffentlich.

Als der nichtsahnende Günni Körschke beim nächsten Mal mit seinen Tieren auf der Hundewiese erschien, fand er sich prompt im Zentrum eines veritablen Shitstorms wieder.

Auf Höllenrieds Zuruf (»Da isser!«) bewarfen ihn etliche Hundehalter ohne Vorwarnung mit üppig befüllten Kotbeuteln. Seitdem führt Körschke seine drei Vierbeiner nur nach Einbruch der Dunkelheit aus. Aber umgetauft hat er sie deswegen nicht.

Bärchenwurst forever
Was tun gegen die unmenschlichen Arbeitsbedingungen in der Fleischindustrie? Womöglich hilft ja Kinderarbeit.

»Nein, ein Revolutionär bin ich nun wirklich nicht.« Torben Löcker, der sympathische Autohauserbe aus Gehren bei Rheda-Wiedenbrück, ist bescheiden geblieben. Dabei würde seine Idee die unwürdigen Bedingungen für osteuropäische Arbeiter in der Fleischindustrie auf einen Schlag abschaffen. »Man könnte mein Konzept auf die griffige Formel ›Babys statt Bulgaren‹ zuspitzen«, schmunzelt der Familienvater und startet routiniert die Powerpoint-Präsentation auf seinem iPad: »Während Kinderarbeit in vielen Gesellschaften bis heute ein selbstverständlicher Teil des Wirtschaftskreislaufs ist, wird dieses Thema hierzulande ja irrational tabuisiert«, klagt er und verweist auf seine Musterrechnung: »Unsere Rentenkasse hätte kein Finanzierungsproblem mehr, wenn nur jeder fünfte Dreijährige in Deutschland regelmäßig einer sozialversicherungspflichtigen Tätigkeit nachgehen würde.«

Dabei ist kaum eine Branche für das Erwerbsleben von Kindern so geeignet wie die Fleischindustrie: »Die meisten Kinder erleben einen Schlachthof ohnehin wie Disneyworld. Nur halt mit Blut. Viel Blut.« Zudem ist das didaktische Konzept schon im zu verarbeitenden Produkt angelegt: »In einem bestimmten Alter interessieren sich Kinder nun mal sehr dafür, wie Lebewesen von innen aussehen. Da ist es doch besser, sie erfahren das hautnah bei einem frisch geschlachteten Schwein, als wenn sie das zuhause an ihrem

Hamster ausprobieren.« Pädagogisch gesehen unterscheidet sich das gekonnte Sauen-Filettieren kaum vom bunten Bällebad im Möbelhaus. Ganz beiläufig könnte man den Nachwuchs so sehr anschaulich mit dem ewigen Kreislauf von Werden und Vergehen vertraut machen.

Auch die Arbeitgeber würden von den sehr jungen Mitarbeitern profitieren, beteuert Löcker und bemüht seine nächste Folie: »Ein Dreijähriger ist ungefähr einen Meter groß. Also genau richtig, um in den Körper einer gerade geschlachteten Kuh zu schlüpfen und diese effizient von innen heraus zu entbeinen.« Der praktisch unvermeidliche Einsatz von sehr scharfen Messern sei in dieser Altersgruppe zwar ein wenig »tricky«, räumt der frühere Jahrgangsbeste der Clemens-Tönnies-Gesamtschule ein: »Doch wer in der Wirtschaft 4.0 bestehen will, muss auch mal ›out of the box‹ denken.«

Löcker beweist in der eigenen Familie, wie wunderbar sich eine glückliche Kindheit mit regelmäßiger Erwerbstätigkeit kombinieren lässt. Sein inzwischen dreijähriger Sohn Paul arbeitet fünfmal die Woche als Kommissionierer im örtlichen Supermarkt; und das, seitdem er krabbeln kann. »Aufgrund seiner Körpergröße ist Paul bestens geeignet, die unteren Regalfächer zu befüllen. Das entlastet seine erwachsenen Kollegen und kommt so allen zugute.« Die Ausnahmegenehmigung des Jugendamts war kein Problem: »Der Sachbearbeiter ist schließlich Kunde in unserem Autohaus.«

Zusammengefasst ist Löckers Forderung simpel: »Einfach die Altersgrenze für Kinderarbeit von dreizehn auf drei Jahre senken. Den Rest regelt der Markt. Und eine Extrascheibe Bärchenwurst für alle.«

Der Geschäftsmann denkt bereits weiter. Die benötigten Arbeitskolonnen könnten unbürokratisch direkt über die Kindertagesstätten organisiert werden: »Dank der Gegenfinanzierung durch die Fleischindustrie kämen wir auch dem Ideal der beitragsfreien Kita wieder einen Schritt näher.« Doch auch noch jüngere Altersgruppen sind für Löcker interessant: »Bekanntlich sind Kleinkinder ab dem ersten Lebensjahr für haptische Erfahrungen sehr offen. Das ist natürlich ideal beim Kükenschreddern.«

Der Unternehmer regt in diesem Zusammenhang auch eine Repositionierung der gesamten Branche an: »Unerklärlicherweise verbinden viele Menschen mit dem Begriff ›Schlachthof‹ Tod und Tierleid, anstatt an das Naheliegende zu denken, nämlich an leckere Fleischdelikatessen.« Diesem Eindruck könnte eine pfiffige Umbenennung wie »Lass die Sau raus – Adventurepark« entgegenwirken.

Nun sucht Löcker politische Verbündete für sein Konzept und denkt dabei vor allem an Bundeslandwirtschaftsministerin Julia Klöckner: »Wer so wie sie die Nutztierverordnung interpretiert, der dürfte auch mit Kinderarbeit kein Problem haben.«

Perverse Schrippen

Über diese Zahlen sprechen deutsche Bäcker nicht gerne. Sechs von zehn Kunden verlangen bei ihnen ausdrücklich »normale« Brötchen. »Eine beunruhigende Entwicklung«, räumt auch Hans-Gert Olschowski vom *Verband für mehr Sittlichkeit im Bäckereibetrieb* ein, belegt sie doch, dass neben den »normalen« Brötchen auch die »weniger normalen« Brötchen stark nachgefragt sind: »Wir Fachleute sprechen in diesem Zusammenhang bereits von ›perversen Schrippen‹ oder ›versauten Semmeln‹«, erläutert Olschowski resigniert: »Leider ist das deutsche Bäckerhandwerk durch seine wachsende Sortimentsvielfalt latent oversext.«

Schon ein Klassiker wie das handelsübliche Schnittbrötchen erinnert mit seiner mittig platzierten Bruchkante obszön an eine Vulva, flüstert Olschowski und errötet leicht: »Da kriegen manche Kunden schon für 30 Cent ihren Kick.« Doch auch das busenrunde Kaiser-Brötchen und seine mehrkörnige Verwandtschaft ist alles andere als asexuell, erregt sich der Funktionär. Und vor der phallischen Anmutung der gemeinen Laugenstange könne nun niemand ernsthaft die Augen verschließen. »Und erst das Baguette«, stöhnt Olschowski. »Aus Frankreich, natürlich!«

Schlimmer noch: Unternehmerische Sorglosigkeit hat das Problem noch verschärft. »Da reicht schon die unselige Idee einer überregionalen Bäckereikette, eine frei zusammenstellbare Hefeteilchen-Auswahl als ›flotten Dreier‹ zu vermarkten.« Olschowski kann da nur mit dem Kopf schütteln.

Schon jetzt werden den regional beliebten Hefe-Weckmännern zum Martinsfest vielerorts Weck-Frauen zur Seite gestellt. Bei ihnen sind die sekundären Geschlechtsmerkmale durch geschickt platzierte Rosinen angedeutet. »Gender-Wahn!«, schnaubt der Schrippen-Aktivist empört.

Die Ursache für diesen Wildwuchs hat Olschowski längst ausgemacht: »Das sind diese krebsartig wuchernden Bäckerei-Discounter. Dort kann sich der Kunde an den Selbstbedienungstheken brötchenmäßig alles zusammenstellen, wonach es ihn gelüstet.« In diesen zweifelhaften Etablissements mangele es ganz einfach an der sozialen Kontrolle. Und prompt lauern hinter den in irgendwelchen Hinterhöfen lieblos zusammengepampten Rohbratlingen wahre Abgründe: »Fehlt nur noch, dass wir das erste Puddingteilchen auf irgendwelchen Schmuddelseiten im Internet wiederfinden.«

Nicht die einzige Fehlentwicklung, die Olschowski anprangert: »Exoten wie Feta-Salami-Ciabattas oder Thunfisch-Fladenbrottaschen haben sich längst in den Auslagen selbst traditionsreicher Bäckereibetriebe eingenistet. Ganz zu schweigen von diesen glutenfreien Low-Carb Backsnacks für das hedonistische Fitness-Klientel.« Das moralisch einwandfreie Pumpernickel oder das ebenso unbedenkliche Sauerteigbrot befindet sich also auf dem Rückzug. Doch Hans-Gert Olschowski gibt sich kämpferisch: »Da ist die letzte Stulle noch nicht geschmiert.«

Sex…

Der Müffler

Natürlich bin ich treu. Also, im Rahmen meiner Möglichkeiten. Die Sache mit Mia würde ich auch nicht als Fremdgehen bezeichnen, sondern als nicht ganz gelungenes soziosexuelles Experiment. Mia ist, nein, war die beste Freundin von Nadine, die immer noch rätselt, weshalb sich ihre versierte Lästerschwester in letzter Zeit so rar macht. Ich bin ihr jedenfalls für diese Zurückhaltung dankbar, die einsetzte, kaum dass ich die Notaufnahme wieder verlassen durfte.

Alles begann an diesem Wochenende nahe Wuhlsdorf. Rayk war Fliesenleger aus Cottbus. Kompakt, drahtig, acht Jahre jünger als Mia. Im Rahmen der Altbausanierungen in Berlin war er gut im Geschäft, was nicht zuletzt auf seinem Prinzip »Zwei Drittel auf Rechnung, der Rest schwarz« beruhte. Das erste Mal erlebte ich Rayk auf dem Sommerfest in Rudis Datsche. Er trug ein Muskelshirt, damit das Rammstein-Tattoo auf dem rechten Oberarm gut zu sehen war, sprach einen lustigen Dialekt und verwendete den Begriff *Kanake* mit der jovialen Beiläufigkeit des geübten Nutzers.

Unsere eingespielte Clique gut saturierter Intellektueller bereicherte Rayk mit dem rustikalen Flair eines aufstrebenden Arbeitersprosses, der sich immerhin ein *Men's health*-Abo gönnte und sogar den vorletzten Mankell-Krimi gelesen hatte.

Mia hatte Rayk vor gut vier Wochen zufällig auf einer seiner Baustellen kennengelernt und vollzog seitdem mit beachtlicher Frequenz den Beischlaf mit ihm. Das jedenfalls hatte mir Nadine beim postkoitalen Plausch an einem Sonntagmorgen verraten.

»Sie lässt sich also von einem Fliesenleger kacheln«, stellte ich nüchtern fest, während unsere Sekrete zügig trockneten.

»Genau«, sagte Nadine, »im Schlafzimmer, auf dem Küchentisch, in Umkleidekabinen, mobilen Baustellentoiletten, in, auf und unter Autos. Und jedes Mal macht es bei Mia zuverlässig *Peng!*«, was ich als leise Kritik an meinen vorangegangenen Bemühungen auffasste. Ich hatte also beachtliche Erwartungen an Rayk, die bei der ersten Begegnung zugegeben nicht ganz erfüllt wurden.

Mia, studierte Sozialpädagogin, seit neun Jahren Leiterin einer Kindertagesstätte in Neukölln, wo sie aus strategischen Gründen mit allen drei männlichen und dem weiblichen Vorstandsmitglied des Trägervereins schläft. Groß, hager, busenlos und mit einer nicht zu definierenden Haarfarbe, interessierte sie mich als Frau kein bisschen. Es gibt Parkscheinautomaten in Lankwitz, die ich erregender finde. Umso komplizierter, das Folgende zu verstehen…

Nadine wollte an diesem Tag später kommen, eine dringende Kundenpräsentation stand an. Mia war natürlich mit Rayk angereist. Allerdings gönnt sich Rudi auch in seiner geräumigen Datsche Bezahlfernsehen und Rayk hatte seine Begleiterin zugunsten einer Bundesliga-Live-Übertragung alleine gelassen. So fand ich Mia in der Küche, eine fast leere Flasche Chardonnay in der Hand. Sie winkte mir schwach zu und fragte: »Und, wie findest du ihn?«

»Rayk? Ochja, netter Kerl, sympathisch…«

»Er ist ein Idiot«, sagte Mia fröhlich, »Hertha-Fan. Außerdem hat er drei DVDs von Mario Barth, weil er den cool findet. Aber dafür rammelt er wie ein Weltmeister.«

»Schön für dich, Mia«, antwortete ich und meinte es durchaus ehrlich. Sie rutschte näher heran und senkte die

Stimme. »Weißt du, was mich an ihm so anmacht? Es ist der Geruch!«

Ich habe wohl nicht sonderlich schlau geguckt, denn die nächste halbe Stunde lang erläuterte mir Mia bei Zucchini-Sticks mit Kräuterdip und lactosefreiem Schnittkäse, wie es zu dieser besonderen Obsession gekommen war: »Aftershaves und Herrenparfums gehören für mich verboten, auch wenn es meinen schwulen Freunden das Herz bricht.«

Alles hatte während einer Sportstunde mitten in der Pubertät begonnen. Der nach einer bewegungsintensiven Unterrichtseinheit solide angeschwitzte Sportlehrer hatte Mia beim Sprung auf den Stufenbarren am Bauch gestützt. Dabei hatte sie unbewusst den komplexen Duft des beamteten Mittvierzigers inhaliert: »Und – was soll ich sagen? Plötzlich machte es bei mir da unten zum ersten Mal Katsching! Ganz ohne Vorwarnung…« Natürlich hatte Mia dabei den Holm verpasst und war frontal auf die Schaumstoffmatte geknallt. Ihren verklärten Gesichtsausdruck fehlinterpretierend, rief der besorgte Pädagoge gleich den schulischen Sanitätsdienst.

Über die Jahre entwickelte Mia ein subtiles Gespür dafür, welche männlichen Transpiranz-Produkte bei ihr die meiste Wirkung zeitigten:

»Am liebsten mag ich den nicht mehr ganz frischen Schweiß, vielleicht zwei Stunden alt, schon etwas angetrocknet und erst am Beginn der Zersetzung.« Wenn zum Beispiel in der S-Bahn hinter ihr jemand stehe, der gerade aus dem Sportstudio komme: »Zack, schon ist der Schlüpper nass!« Jenes muffelige Odeur subtiler Verwesung, das sich gerne nach tagelangem Duschboykott im Hochsommer bildet, beeindruckte sie hingegen wenig.

So entwickelte sich eine logische Kette von Liebhabern, die ihr das gaben, wonach es sie so besonders gelüstete: Ein

Streifenpolizist (»Herrlich, diese Uniformen aus Polyester-Imitat, für die der Status ›atmungsaktiv‹ nie angestrebt wurde«), ein bisexueller Personal Trainer, ein stark behaarter Retro-Straßenmusiker und natürlich dieser adipöse BVB-Fahrer, von dem sie sich einen Sommer lang regelmäßig nach Dienstschluss bespringen ließ.

Rayk lernte sie kennen, als dieser gerade zwölf Quadratmeter Küchenfliesen in einer sonnendurchfluteten Dachgeschosswohnung legte. »Dieser Geruch ... unbeschreiblich. Da war das Höschen praktisch sofort auf Halbmast.«

Wie aufs Stichwort stand Rayk in diesem Moment in der Küchentüre, sie winkte ihm chardonnayselig zu, worauf sich eine Art Dialog entwickelte, den ich zum geordneten Rückzug nutzte.

Ich schwöre, ich weiß nicht, welcher Teufel mich ritt, aber ihre Ausführungen ließen einen Plan reifen, der kein gutes Ende nehmen sollte. Andererseits kannte ich sonst keine Frau, die regelmäßig olfaktorisch wuschig wurde.

Ich ließ einen Monat verstreichen, dann packte ich meine in die Jahre gekommenen Sportklamotten aus und trabte los. Ich hatte ewig nicht gejoggt und nach dem ersten Kilometer war ich fertig mit der Welt. Außerdem war der Sommer sehr heiß. Aber die gewünschte Wirkung trat ein, das Hemd klebte am Körper, die salzige Brühe suppte den Nacken hinab und tanzte unter der Nasenspitze. Um den runden Ausschnitt des T-Shirts hatte sich eine sumpfig-feuchte Zone gebildet.

Ich setzte mich auf eine Parkbank, registrierte die mitleidigen Blicke der Schulkinder und ließ ansonsten die Wollust erzeugenden Gärungsprozesse meiner Transpiranzen ihren Job machen.

Ich wusste natürlich, dass es Mias freier Nachmittag war. Eine halbe Stunde später stand ich vor ihrer Wohnungstür.

»Hallo, Mia, ich habe gerade in deiner Gegend gejoggt und dachte, ich schau mal vorbei.«

Sie sah mich völlig überrascht an. Dann jedoch bemerkte ich, wie ihre Nasenflügel stärker und stärker vibrierten, sie atmete schneller und tiefer. Sie flüsterte mit atemloser Stimme: »Du. Bist. Verrückt!«

Sie riss mir noch im Flur die Jogginghose auf die Knöchel, raffte ihren Minirock hoch, zerrte hektisch ihr Höschen herunter. Sie warf mir die Arme um den Hals, presste ihre Lippen auf meinen Mund und umklammerte mich mit ihren mageren Schenkeln. Und das war eben der Fehler.

Die Heftigkeit und Leidenschaft der Attacke trafen mich völlig überraschend. Das und die Wucht der verblüffend ansatzlosen Penetration verwirrten mich. Ich verlor das Gleichgewicht und knallte gegen die Flurwand. Gemeinsam mit Mia, die nicht daran dachte, mich aus der Beinklammer zu entlassen, rutschte ich bedächtig die Raufaser herunter, um schließlich mit dem rechten Ellbogen einen kleinen Glastisch unter der Garderobe zu zerstören.

Der Rettungssanitäter war Anfang 20 mit raspelkurzen blonden Haaren. Wie erwähnt, es war heiß, er hatte etliche Schweißtropfen auf der pickeligen Stirn und das blaue Polohemd der *Johanniter* war ebenfalls durchgeschwitzt. Ich registrierte noch, wie Mia ihn intensiv anstarrte, dann wirkte das Schmerzmittel.

Nadine holte mich später aus dem Krankenhaus ab. Ich sagte, ich sei beim Joggen nahe einem Altglascontainer ausgerutscht. Tage später erfuhr ich von ihr, dass Mia nach Fliesenleger Rayk jetzt mit Sanitäter Malte zusammen war.

»Vielleicht sollte ich mir auch einen jungen Liebhaber gönnen«, spottete Nadine. Meine Anrufe drückt Mia konsequent weg, doch noch hoffe ich auf eine zweite Chance. Nadine meint allerdings, ich sollte mich öfter mal duschen.

Bornholm 81

Anna rauchte wieder. Sie hatte aufgehört, kurz, bevor wir uns kennengelernt hatten, und auch nach unserer Trennung hatte sie nicht wieder angefangen. Das hektische Saugen an der Zigarette war das erste, was mir auffiel, nachdem ich in ihrer Wohnung stand, Monate nach meinem letzten Besuch. »Ich muss dir was zeigen«, hatte sie getextet, und jetzt stand ich hier, direkt nach meiner Arbeit und nach einer hastig hingenuschelten Begrüßung.

Anna und ich waren vier Monate zusammen gewesen. Wir hatten uns bei einer Computerschulung kennengelernt und eines kam zum anderen. Es wurde eine Mittelgewichtsbeziehung ohne besondere Höhepunkte und Herausforderungen – und mit einem vorhersehbaren Verlauf.

Eines Abends hatten wir wieder einmal bei ihr in der Wohnung gegessen, es gab Rotwein und sie hatte etwas Indisches gekocht. Anna sagte: »Ich finde, insgesamt läuft es bei uns nicht so toll.« Und ich sagte: »Finde ich auch.« Also trennten wir uns wieder. Wir waren noch nicht zusammengezogen, es war keine große Sache. Wir blieben nicht unbedingt befreundet, aber im Kontakt.

Das letzte Mal hatten wir uns bei der Beerdigung ihrer Mutter gesehen. Sie hatte sich eines Tages mit Bekannten zum Kino verabredet und war nicht erschienen. Als sie auch am nächsten Morgen nicht zu erreichen war, wurde Anna von den Freunden alarmiert. Sie fand ihre Mutter vollständig bekleidet und mit ausdruckslosem Gesicht auf dem

Wohnzimmerboden ihrer kleinen Wohnung liegend. Ob es nun ein Herzinfarkt oder ein Schlaganfall war, blieb vom Ergebnis her unerheblich. Annas Vater war schon vor vielen Jahren gestorben.

Ich kannte Annas Mutter, eine überschlanke, passionierte Raucherin mit milchig-grauem Teint und grotesk dunkelrot gefärbten Haaren. Sie wurde 68 Jahre alt. Als ich ihr das erste Mal begegnete, arbeitete sie noch stundenweise als Sekretärin in einer Anwaltskanzlei. Manchmal erzählte sie von ihrer Arbeit. So vertrat diese Kanzlei eine Frau, die von den Hinterbliebenen eines Exhibitionisten auf 100 000 Euro Schmerzensgeld verklagt worden war. Dieser, ein 76 Jahre alter ehemaliger Finanzbeamter, hatte es sich zur Angewohnheit gemacht, ziellos in den späten U-Bahnen mitzufahren. Wenn Frauen, egal welchen Alters oder Aussehens, in seinen Wagon einstiegen, holte er sein Genital aus der Hose, um umgehend hektisch und ergebnisorientiert zu masturbieren. Bei dem späteren Zivilverfahren stellte sich heraus, dass der Mann deshalb mehrfach zu Geld- und Bewährungsstrafen verurteilt worden war.

So war es auch an dem Abend, an dem die Mandantin von ihrer Spätschicht im Krankenhaus in die U-Bahn einstieg. Der Pensionär sah sie, nestelte nervös an seiner Hose, griff beherzt zu und tat, wonach ihm der Sinn stand. Die meisten Frauen reagieren auf so ein Erlebnis angeekelt oder traumatisiert. Nicht jedoch die Beklagte. Als Krankenschwester in einer psychiatrischen Ambulanz war sie einiges gewohnt, also stand sie kurzerhand auf, betrachtete sich die Dinge kurz aus der Nähe und meinte dann: »Ist diese mickrige Nudel etwa alles, was du zu bieten hast? Da würde ich mich als Mann ja schämen, so einen kleinen Schniepel überhaupt an die Luft zu lassen.« Der Exhibitionist erstarrte, riss sich kurzerhand die Hose hoch, und da inzwischen die nächste Haltestelle erreicht war, verließ er eiligen Schrittes den U-Bahnwagen, nicht ohne auf dem Bahnsteig aufgrund der unzureichend gesicherten Hose übel zu stürzen.

Die Krankenschwester war zwar durchaus amüsiert, zeigte den Vorgang aber dennoch an, was sich angesichts des späteren Zivilverfahrens als Fehler erweisen sollte. Denn natürlich konnte die Polizei mühelos ermitteln, wer der notorische Genitalbelüfter war. Dieser war von dem Erlebnis in der U-Bahn so konsterniert gewesen, dass er sich noch am selben Abend ein heißes Bad einließ, vierzig Beruhigungstabletten und drei volle Wassergläser Wacholderschnaps zu sich nahm und umgehend wieder erbrach, ehe er sich dann in der Badewanne beide Pulsadern aufschnitt, was laut Autopsie-Bericht aber auch erst im dritten oder vierten Anlauf gelang.

Seine einzige Tochter, eine alleinstehende Grundschulrektorin, erfuhr durch die postmortale Anzeige wegen »Erregung öffentlichen Ärgernisses« von den Hintergründen des letzten Abends ihres Vaters und verklagte die Anzeigen-Erstatterin. Durch ihr unsensibles Verhalten in der U-Bahn sei der 76-Jährige in den Selbstmord getrieben worden, zumal habe sie als Fachkraft aus der Psychiatrie erkennen müssen, dass der vermeintliche Übeltäter allenfalls bedingt zurechnungsfähig war.

Annas Mutter schied aus der Kanzlei aus, bevor ein Urteil gesprochen war, und inzwischen war sie tot, seit zwei Monaten schon. Jetzt hatte Anna, die eigentlich keinen Fernseher besaß, ein altertümliches Gerät in ihrem kombinierten Wohn-/Schlafzimmer aufgebaut, daneben einen Videorekorder, den sie, wie sie mir später erzählte, mit einiger Mühe auf Ebay ersteigert hatte. In ihn steckte sie jetzt eine abgegriffene VHS-Cassette, die mit blauem Filzstift *Bornholm 81* beschriftet war.

»Dort sind sie damals immer gerne hingefahren«, bemerkte Anna knapp und drückte auf *Start*.

Nach einigen kurzen, griseligen Szenen zeigten die grobkörnigen Aufnahmen Annas Mutter deutlich jünger, mit kurzen, vollen schwarzen Haaren und einem violetten Tank-Top bekleidet, ansonsten nackt. Neben ihr erschien ein Mann mit ausgeprägten Geheimratsecken, älter, komplett unbekleidet und mit einem imposanten Bauch. »Das ist definitiv nicht mein Vater«, bemerkte Anna nüchtern. Im Video lachte Annas Mutter halb verlegen, halb amüsiert. Sie hatte ein Koloraturlachen, das sich quasi selbst nach hinten aufrollte und das mir immer sehr gut gefallen hat.

Sie zögerte einen Moment, dann nahm sie das Genital des Unbekannten in die Hand, stülpte den Mund darüber und machte das, was in dieser Situation sachdienlich ist – zunächst ohne nennenswerten Erfolg. Schließlich ging es doch, Annas Mutter öffnete die Beine und der Dickbäuchige legte sich dazwischen. Für die nächsten anderthalb Minuten zeigte die Kamera nur seinen hektisch zuckenden, sehr voluminösen und doch faltigen Hintern. Schließlich rollte sich der Mann mit hochrotem Kopf von Annas Mutter herunter, murmelte etwas Unverständliches in die Kamera und Annas Mutter lachte wieder.

Anna drückte die Stopp-Taste.

»Sie hat mir nie von diesem Film erzählt. Dabei haben wir immer über alles reden können.«

Ich fühlte mich unbehaglich. Anna hat die Angewohnheit, beim Sex sehr klare Anweisungen zu geben, die keinen Widerspruch duldeten, was mich regelmäßig überforderte. Ob sie darüber wohl auch mit ihrer Mutter gesprochen hatte?

Es war nicht immer einfach mit Anna gewesen. Vielleicht hing es damit zusammen, dass ein früherer Freund ihr bescheinigt hatte, sie habe »einen ausdruckslosen Arsch«. Das hatte sie sehr verletzt. Als wir noch zusammen waren, fragte sie mich immer wieder: »Habe ich wirklich einen ausdruckslosen Arsch?« und ich antwortete natürlich mit »Quatsch!«, was sich auch im Rückblick leider nicht besonders souverän anhört.

Sie hatte inzwischen Tee gemacht: »Es ist nicht das, was man im Nachlass seiner Mutter zu finden erwartet. Eigentlich hatte ich nur die fünf Krügerrand-Münzen gesucht, von denen sie immer erzählt hat.«

Ich erinnerte mich an meine Zeit als Messdiener. Damals war der Altpfarrer in meinem Dorf überraschend gestorben. Als wir sein Zimmer im Obergeschoss des Pfarrhauses ausräumten, entdeckte ich in seinem Nachttisch ein abgegriffenes Heft mit Hochglanzbildern. Es zeigte auf achtundvierzig Seiten pubertierende Jungen nackt beim Fußballspielen an einem Strand. Den schwedischen Aufdruck *Fotokonst* kann man offenbar weit auslegen.

Anna stand jetzt auf dem Balkon, hatte die nächste Zigarette angezündet, die Tasse Tee in der anderen Hand. Ich legte meinen Arm um ihre Schulter, mehr aus Hilflosigkeit als aus Zuneigung.

Sie sagte leise: »Ich kann das doch nicht löschen. Es ist das einzige Video, das ich von ihr habe. Und auf dem ist sie fast nackt und ...«

»... fickt herum«, brachte ich den Satz zu Ende.

Wir wussten beide nichts zu sagen. Nach einer Pause meinte sie: »Wie kann sie mir das antun? Ich werde mir das nie wieder ansehen können. Ich werde nie wieder Sex haben, weil ich diese Bilder dann immer vor meinen Augen haben werde.«

Ich dachte nach. »Es ist ja eigentlich kein Porno, mehr ein ... Dokumentarfilm.«

Sie drehte sich zu mir.

»Ein Dokumentarfilm? Meine Mutter vögelt auf Video mit einem Typen, den ich nie gesehen habe und du meinst, das wäre ein Dokumentarfilm?« Ich sagte nichts, doch allmählich gefiel ihr der Gedanke: »Dokumentarfilm? So etwas, was auf *arte* läuft? Nach dem Motto: ›Meine Mutti und ihr fetter Ficker. Eine kritische Kopulations-Exegese aus den frühen Achtzigern‹?«

Ich zuckte mit den Schultern, weil ich nicht wusste, ob sie jetzt lachen oder weinen würde. Anna ging zum Fernseher zurück und startete den Film erneut, ließ ihn mit schneller Geschwindigkeit vorlaufen, was sehr komisch wirkte, insbesondere der jetzt überdreht-hektisch zuckende Hintern. Anna grinste.

Ich weiß nicht mehr genau, wie der Abend weiter ging. Aber einige Wochen später bekam ich von ihr kommentarlos per E-Mail einen Link geschickt. Ich klickte darauf und es öffnete sich ein Videoportal, das für rezeptfreies Viagra und ältere Hausfrauen mit viel Tagesfreizeit warb. Der Link führte direkt zu einem kurzen Film mit dem Titel *Family-Album*. Ich musste nicht starten, um zu wissen, was es dort zu sehen gab. Immerhin gab es 68 Prozent positive Bewertungen, obwohl die Bildqualität und die Dramaturgie für erfahrene Nutzer doch einiges zu wünschen übrig ließ.

Mit Anna traf ich mich am ersten Todestag ihrer Mutter auf dem Friedhof. Sie hatte die Krügerrand-Münzen doch noch gefunden und in einen schönen Grabstein investiert, ebenso die knapp 34 Dollar, mit denen sie der Betreiber des Videoportals an den Werbe-Erlösen des Films beteiligte: »Über 80 000 Zugriffe in einem halben Jahr, verrückt, nicht? Ob die Typen ahnen, dass sie längst nur noch eine Handvoll Asche ist?« Sie drapierte die mitgebrachten Blumen in der Vase: »Es würde ihr gefallen, oder?«

Jetzt grinste ich.

Das Ritual

Sylvia legte ihr Besteck eine Spur zu laut nieder. Dann tupfte sie sich mit der Damast-Serviette sehr sorgfältig die Lippen ab. Das Geschirr war überwiegend leer, gelegentlich erinnerten ein vergessenes Salatblatt oder ein paar Tropfen Olivenöl an den abgeschlossenen kulinarischen Genuss. Auch die Rotwein-Gläser waren leer oder hatten allenfalls noch eine Höflichkeitspfütze in ihren Kristallkelchen. Bei sich selbst hatte Sylvia immer ordentlich nachgeschüttet. Jetzt knabberte sie an einem kleinen Stück Ciabatta, um sich zu sammeln. Dann meinte sie so beiläufig wie möglich:

»Ich weiß nicht, ob ich es schon mal erzählt habe, aber mein Holger hat ja einen ungewöhnlich kleinen Penis. Also, so richtig klein.« Sie zeigte mit Daumen und Zeigefinger die angebliche Größe von Holgers Genital. Irgendetwas zwischen zwei und drei Zentimetern.

Holger lächelte milde. Es war Sylvias üblicher Auftritt nach dem vierten Glas Barolo. Die ersten fünf, sechs Vorfälle dieser Art hatten ihn tief getroffen, heute ignorierte er sie so gut wie möglich. Ein befreundeter Paartherapeut hatte ihm geraten, diese Eskapaden nicht allzu persönlich zu nehmen. Solange Sylvia ihn demütigen wolle, gebe es noch eine emotionale Bindung zwischen ihnen beiden. Die beklagenswerte Entfremdung, die bevorzugt langjährige Paare befällt, sei also noch nicht in Sicht.

»Ihr wisst, ich habe ja schon viele Penisse gesehen, vor und nachdem ich Holger kennengelernt habe«, referierte

Sylvia weiter: »Aber der von Holger, ganz ehrlich, der ist wirklich schon sehr speziell.«

Griseldis spielte gedankenverloren mit ihrer Bernsteinkette, Manfred inspizierte sein Smartphone. Sie alle kannten diese Auftritte zur Genüge. Eine Zeit lang hatte sich Sylvia am nächsten Tag bei ihren Gästen mit tränenreichen Telefonaten entschuldigt. Inzwischen hatte sie das eingestellt.

Nur Dr. Rühmdorf, der Neue in der Runde, blickte pikiert auf seinen Villeroy & Boch-Teller, auf dem jetzt nur noch ein paar verwaiste Saté-Spießchen lagen. Beim zweimonatlichen Pärchenessen fiel er etwas aus dem Rahmen, denn er war erst seit kurzem in der Stadt und außerdem Single.

Aber er war auch Holgers neuer Vorgesetzter, eine Einladung an ihn schien opportun, hatte Holger jedenfalls befunden, obwohl er natürlich mit Sylvias alkoholisierten Eskapaden rechnen musste. Ihr ausuferndes Referat über das Gemächt ihres Lebensgefährten (»Hoden, so mickrig wie Oliven«), der gleichzeitig sein enger Mitarbeiter war, schien Dr. Rühmdorf unangenehmer zu sein, als dem eigentlich Betroffenen.

Holger, vom detailreichen Impulsvortrag seiner Gespielin ermüdet, beschäftigte sich mit einer Ausdauerspiel-App auf seinem Tablet und wartete ansonsten geduldig auf das Ergebnis des Sonntagsspiels in der Bundesliga. Er wusste ja, er hatte jetzt sicher nicht den grotesk überdimensionierten Schwengel eines Porno-Mimen, verortete sich aber selbstbewusst im soliden bundesrepublikanischen Durchschnitt. Niemand vermochte bislang, das Gegenteil zu beweisen.

Vielmehr hatte sich Holger angewöhnt, seinen Nutzen aus Sylvias Auftritten zu ziehen. Neugierig geworden durch den Alkohol und Sylvias Anekdoten, waren manche weibliche Bekannte nur zu gerne bereit, das Objekt des kritischen

Diskurses näher in Augenschein zu nehmen. Natürlich ausschließlich, um sich ein eigenes Urteil zu bilden. In diesen durchaus prickelnden Momenten war es oft nur ein kleiner Schritt bis zur praktischen Anwendung des so kontrovers bewerteten Geräts.

Dank Holgers aufmerksamem und wiederholten Studium eines einschlägigen Internet-Tutorials vermochte er den beteiligten Damen mindestens mittelprächtige Orgasmen zu bescheren; eine Mühe, die er sich bei Sylvia schon längst nicht mehr gab. Die ahnte von derlei erotischen Eskapaden nichts – oder sie waren ihr egal, was Holger für wahrscheinlicher hielt.

Sylvia stand jetzt auf, wankte ein wenig und sank prompt in die Knie, stand allerdings ohne nennenswerte Verzögerung wieder auf und murmelte: »Ich mache mich nur kurz etwas frisch.« Dann taumelte sie in Richtung Badezimmer.

»Ich komme mit«, sagte Griseldis, die ja nicht zum ersten Mal bei diesen Auftritten zugegen war.

»Noch etwas Käse und Trauben?«, fragte Holger freundlich Dr. Rühmdorf. Der lehnte dankend ab, räusperte sich, beugte sich vor und meinte dann leise: »Können wir kurz unter vier Augen sprechen?«

Jesses, ein Weichei, meinte Holger zu sich und begleitete seinen neuen Vorgesetzten in die Küche. Dort hatte der eigens von Sylvia beauftragte Cateringservice bereits vorbildlich aufgeräumt.

Rühmdorf räusperte sich erneut: »Diese Problematik, die Ihre Ehefrau…«

»Lebensgefährtin«, korrigierte Holger sanft.

»…wie auch immer – äh, ansprach… Ich will Ihnen ja nicht zu nahe treten, aber Ihre Gelassenheit…«

Holger winkte ab: »Als aufgeklärter und selbstbewusster Mann muss man mit so etwas umgehen können. Heute positionieren sich die Frauen ja grundsätzlich offensiver, auch auf dem Feld des Sexus'. Was ich gerade in einer modernen Partnerschaft konstruktiv und auch wichtig finde.«

Hoffentlich war das die Antwort, die Rühmdorf hören wollte, dachte sich Holger.

»Beneidenswert, beneidenswert«, murmelte dieser, und Holger ahnte, da kommt noch was. Schüchtern formulierte Dr. Rühmdorf: »Es ist nämlich so, mir ist das von Ihrer Gattin…«

»Lebensgefährtin«, insistierte Holger kaum hörbar.

»…beschriebene Phänomen nicht ganz fremd.«

Rühmdorf war mit einem Schlag knallrot im Gesicht und Holger ahnte, das kam nicht vom Barolo. Dennoch brauchte er einen Moment, ehe er begriff: »Ach!«

Rühmdorf nickte zustimmend.

Gott, was antworte ich ihm bloß, fragte sich Holger irritiert.

»Nun ja, wir Männer sehen den eigenen, äh, Apparat, ja eigentlich immer nur von oben. Und da wirkt er zwangsläufig optisch mitunter eher … kompakt.«

Rühmdorf zuckte schwach mit den Schultern. Eine Welle des Mitgefühls durchflutete Holger. Ein Bilanzbuchhalter in der Kreativwirtschaft, neu in einer fremden Stadt, geplagt von Selbstzweifeln bezüglich der Größe seines Genitals. Das Leben des Dr. Gernot Rühmdorf schien eine einzige große Katastrophe zu sein.

»Hatten Sie denn schon mal negatives Feedback bezüglich der Größe?«, fragte Holger nun vorsichtig.

»Neinnein«, versicherte Rühmdorf eilig, aber manche Frauen seien in dieser Hinsicht ja auch sehr rücksichtsvoll.

Manche Frauen aber auch nicht, dachte Holger für sich und meinte noch nicht mal so sehr Sylvia, sondern diese kleine koksende Praktikantin bei seinem letzten Arbeitgeber.

Die hatte während ihres gesamten, etwa dreieinhalbminütigen Beischlafs in der Teeküche ununterbrochen gekichert. In Ordnung fand er das damals nicht. Immerhin hatte er sich ja Mühe gegeben. Aber jetzt hatte er andere Probleme.

»Es war für mich heute Abend so, als hätte ich unerwartet einen Bruder im Geiste gefunden«, flüsterte Rühmdorf bewegt und etwas zu pathetisch. Holger hoffte dringend, dies wäre nur eine Auswirkung des Rotweins. Mitglied in der Bruderschaft der Kleinschwänzigen, na, herzlichen Glückwunsch!

Rühmdorf straffte sich: »Ich darf Sie daher um einen, wie ich zugeben muss, sehr ungewöhnlichen Gefallen bitten? Würden sie mir, quasi von Betroffenem zu Betroffenem, ein ehrliches und verbindliches Feedback bezüglich der Größe zukommen lassen? Dafür sollte ein kurzer Blick genügen. Natürlich informell und streng vertraulich.«

Es war also kein guter Gedanke gewesen, Dr. Rühmdorf zum Pärchenessen einzuladen. Holger hoffte einen Moment lang, nicht richtig gehört zu haben. Aber die erwartungsvollen Augen seines Gegenübers und dessen heftiges Nesteln am Hosengürtel ließen keinen anderen Schluss zu.

Die Aussicht, gleich den Penis eines ihm letztlich wildfremden Mannes inspizieren und beurteilen zu müssen, behagte Holger nicht besonders. Andererseits hatte Dr. Rühmdorf seit kurzem die Budgethoheit über seine Abteilung und es war bestimmt nicht verkehrt, ihm gegenüber etwas konziliant zu sein. Rühmdorfs Hose fiel, die gebügelten Boxershorts sanken ebenfalls hernieder und enthüllten den Gegenstand der Beunruhigung, eingebettet in strubbelige dunkelblonde Schamhaare und durch die ungewohnte Situation wohl noch zusätzlich geschrumpft.

»Das ist jetzt bestimmt der Vorführ-Effekt«, sagte Holger, um überhaupt etwas zu sagen. Er dachte dabei an die vielen Männer, die nicht mit anderen kollektiv am Urinal ihr Wasser abschlagen können, weil selbst der beiläufige Blick eines zufälligen Co-Pissers ihren Schließmuskel kollabieren und sämtliche Schwellkörper minutenlang verkümmern lassen würde. Offenbar handelte es sich hier um ein ähnliches Phänomen – hoffte er jedenfalls.

Angesichts des insgesamt tatsächlich kümmerlichen Arrangements überkam Holger ein sonderbares Gefühl der Überlegenheit und nahezu gegen seinen Willen wurde ihm eine Erektion beschert.

In genau diesem Moment betrat Sylvia die Küche, nicht nennenswert nüchterner als zuvor, doch für ihre Verhältnisse durchaus ansprechbar. Sie erfasste die absurde Szene mit einem Blick: Holger auf dem Stuhl sitzend, vor ihm Dr. Rühmdorf unbehost und das in der Tat eher kleine Genital zur Bewertung präsentierend.

»Oh!«, meinte sie.

Sag jetzt nichts Verkehrtes, sag nur dieses eine Mal nichts Verkehrtes, flehte Holger mehr zu sich selbst.

»Würden Sie sich eventuell auch dazu äußern, sozusagen als Expertin, wegen der Größe?«, fragte Dr. Rühmdorf unerwartet spontan, aber schüchtern.

Sylvia kam näher, betrachtete das Geschlechtsteil des ihr kaum bekannten Mannes einige Augenblicke ungerührt, dann seufzte sie kurz und sagte: »Also, ich finde, es ist eigentlich ganz okay.«

Wie zur Bestätigung zuckte es kurz im Genital von Dr. Rühmdorf, der nun hektisch die Hose hochzog.

»Das nenn ich jetzt mal ein Statement«, sagte Holger mindestens so erfreut, als wenn die Aussage ihm gegolten hätte.

Später dann, als Dr. Rühmdorf im Taxi, Manfred und Griseldis auf dem Heimweg und Sylvia Barolo-bedingt auf der Toilette beschäftigt waren, kam Holger nicht umhin, von einem fast gelungenen Abend zu sprechen. Jetzt fühlte er sich gut gewappnet für die anstehenden Budgetverhandlungen mit Dr. Rühmdorf. Er hatte einen Radiergummi, dessen Größe und Aussehen in etwa dem Rühmdorfschen Genital entsprach. Er würde ihn unauffällig, aber unübersehbar auf dem Konferenztisch platzieren. Dr. Rühmdorf würde die Botschaft schon verstehen. Da war er sich jetzt sicher.

Crime

Spiegelei mit Speck

1937 war kein gutes Jahr für mich. Es gab einfach zu viele Privatdetektive in San Francisco. Seit Wochen hatte ich keinen Auftrag mehr erhalten. Aber irgendwie passte es zu diesem entsetzlich kalten Winter. Sogar die Wasserleichen in der Frisco-Bay trieben mit dem Gesicht nach unten, weil sie von dem Elend der Welt genug hatten. Nur die Katzen tanzten unbeeindruckt Jitterbug in der Regenrinne.

Vielleicht hatte mich das abgelenkt. Ich hatte das Klopfen an der Tür jedenfalls nicht gehört. So stand sie völlig unvermittelt in meinem Büro, eine eiskalte, nachtblaue Schönheit, mit pinkfarben lackierten Fingernägeln, drapiert in ein hautenges Cocktailkleid und einen Mantel aus dem Fell handgewürgter Opossums. Imposant in jeder Beziehung. Gewiss wären bei ihrem Eintritt sämtliche Bilder von den Wänden gefallen, wenn ich denn Bilder an den Wänden gehabt hätte. Doch am Pinboard balzten nur die Zahlungsbefehle. Außerdem klebten seit Wochen zwei vertrocknete Burritos auf der gelbstichigen Raufaser.

Und auf einmal stand diese unglaubliche Frau in meinem Büro, und plötzlich liebte ich meinen Beruf. Um mein Entzücken zu überspielen, biss ich kurz in die Platte meines Schreibtischs. Ein kaum merkliches Zittern durchlief den Körper der Schönen. Sie holte tief Luft und wollte eine langatmige Erklärung abgeben. Doch ich wusste längst Bescheid: »Es geht um ihre Schwester, ein reines, unschuldiges Ding vom Lande. Sie riss von zu Hause aus und ist hier in der Großstadt verschwunden. Bestimmt ist die Kleine an falsche Freunde geraten und nun werden Sie vor Sorge fast verrückt. Also flehen Sie mich an, Ihre kleine Schwester aufzutreiben und in den sicheren Hafen der heilen Familie zurückzuführen. Oh Gott, wie oft habe ich mir diese kleinen, schmutzigen Geschichten hier in diesem Büro schon anhören müssen.«

Die Blondine schwieg einen Moment ergriffen. Dann sagte sie: »Dummes Zeug! Meine Schwester ist eine Schlampe. Ich kann das kleine Miststück nicht ausstehen. Und hören sie mir auf mit meiner Familie. Mein Vater ist Trinker, meine Mutter Nonne. Nein, es geht um etwas ganz anderes. Ich habe vor zwei Stunden meinen Liebhaber erschossen und sein Bankschließfach ausgeräumt. Heute Nacht geht mein Schiff nach Panama, aber ich muss vorher wissen, ob die Bullen schon hinter mir her sind. Das herauszufinden ist ihr Job.«

Damit war alles gesagt. Sie kritzelte mir noch den Treffpunkt im Hafen auf einen Zettel und verschwand so unbemerkt, wie sie gekommen war.

Ich machte mich sofort an die Arbeit. Dazu gehörte ein Besuch bei der Polizei. Seitdem mein alter Dodge gepfändet ist, bin ich auf öffentliche Verkehrsmittel angewiesen. Auch das kann interessant sein.

In Chinatown flanierte eine Handvoll Jugendlicher im Schein der Straßenlaternen. Sie sahen gefährlich aus in ihren braunen Schlaghosen und schwarzweißen Schuhen. Und doch beeindruckte mich die Lässigkeit, mit der sie sich gegenseitig die Fingerkuppen amputierten.

Ein versoffener alter Mann saß mir in der Cable Car gegenüber und fing unvermittelt an loszubrabbeln: »Einst wird kommen der Tag, an dem eine magere Blondine in das englische Königshaus einheiratet und daraufhin wird der

Thronfolger wunderlich werden. Es wird die Atombombe geben und den Opel Adam.« Ein feiner Faden Speichel rann seinen unrasierten Mundwinkel herunter, er suchte nach Zigaretten, während er weiter erzählte: »Es wird einen Franz Beckenbauer geben und eine Sängerin namens Nana Mouskouri. Doch sie wird keine Schallplatten machen, sondern so kleine silberne Dinger, die nennen sich Compact-Disc.«

Die Prophezeiungen des Alten beunruhigten mich, also stand ich auf und schlug ihn zusammen.

Ich hatte nicht viele Freunde bei der Polizei, doch Hörb Koslowski war einer von Ihnen. Koslowski kannte ich noch von meinem allerersten Auftrag. Gemeinsam suchten wir damals einen berüchtigten Gewürzgurken-Fälscher. Bei einer Verfolgungsjagd schoss ich ihm versehentlich in den Fuß.

Doch Koslowski war nicht nachtragend, was ich ihm hoch anrechnete. Im Revier war er nicht zu übersehen, denn er war ein ziemlich schräger Cop. Vor zwei Jahren fahndete das *San Francisco Police Departement* nach einem Sittlichkeitsverbrecher. Um den Täter eine Falle zu stellen, hatte sich Koslowski mit Perücke und Damenkleid getarnt. Der Täter wurde dennoch nicht gefasst, aber Hörb Koslowski hat man seit jenem Abend nie wieder ohne Kleid gesehen. Auch bei unserem Gespräch trug der schlechtrasierte Zweieinhalb-Zentner-Mann ein lindgrünes Cocktail-Kleid mit paillettengeschmücktem, tiefen Dekolleté, aus dem Koslowskis üppige Brustbehaarung hervorquoll. Er rauchte eine Havanna und wie immer stand eine Flasche billiger Bourbon auf seinem Schreibtisch.

»Na Schnüffler, was gibt's?«

Das war eine für Koslowski ungewöhnliche Freundlichkeit, die mich alarmierte. Natürlich ließ ich mir nichts anmerken. Dennoch war sein Anblick etwas irritierend.

Beiläufig hatte ich in meinen Trenchcoat uriniert, nur um zu zeigen, dass ich die Situation im Griff hatte. Ich stellte die üblichen Fragen, fragte nach einem Mord, verbunden mit einem ausgeräumten Schließfach, nach Spuren und möglichen Verdächtigen.

Koslowski zuckte gelangweilt die Schultern. »Davon höre ich zum ersten Mal. Wir fahnden gerade nach einem anonymen Ziegenschänder, psychopathischen Falschparkern und einem manisch-depressiven Gelegenheits-Zuhälter. Von Mord weiß ich nichts.«

Ich wechselte das Thema und empfahl mich bald darauf.

Die Polizei wusste also von nichts. Nun, das hatte nichts zu bedeuten. Das San Francisco Police Departement ist vom Verbrechen an sich meist überfordert. Der Massen-Selbstmord einer obskuren Mars-Jünger-Sekte wurde versehentlich von einem Postboten aufgeklärt. Und als eine Gruppe marodierender Mexikanerinnen die Zentralbank ausraubte, half ihnen ein zufällig anwesender Streifenbeamter beim Einparken des Fluchtwagens.

Ich musste also meine Quellen aus der Unterwelt anzapfen. Und da konnte mir nur noch Berta helfen. Anfang des Jahrhunderts hatte sie als Schönheitstänzerin im Hafenbezirk manch griechischem Vollmatrosen den Kopf verdreht. Doch diese Zeiten sind lange vorbei. Erst letzte Woche ist ihr beim Nudelessen in einem italienischen Steh-Imbiss ein Ohr abgefallen. Dieser Vorfall deprimierte Berta erheblich, deshalb freute sie sich besonders, mich zu sehen.

Immerhin langte Bertas Ruhm noch für einen Stammplatz in einer drittklassigen Bar und für genug Schnaps, um das eigene Elend zu vergessen. Ich goss ihr ein Glas Spülmittel ein und sie schluckte es herunter, ohne mit der Wimper zu zucken. Gut, sie hatte auch keine Wimpern mehr, und dafür zuckte an Berta so manches andere.

Keine zwei Stunden später war Berta ansprechbar. Auch sie fragte ich nach einem postmortal entsorgten Liebhaber und einem leeren Bankschließfach. Auch sie wusste nichts. Die gestandenen Gangster waren in Chicago oder an der Wallstreet, die Kleinganoven wurden entweder von der Heilsarmee missioniert oder waren zur Fortbildung in Sizilien.

Ratlos ließ ich Berta zurück. Irgendetwas lief schief mit diesem Fall, ich spürte es genau. Meine Prostata schmerzte. Mit einem beunruhigenden, aber reichlich vagen Gefühl der Gefahr begab ich mich abends zum vereinbarten Treffpunkt am Hafen. Sie erwartete mich schon, in einem engen Goldlamé-Plissée-Rock, malerisch durch nachlässige Brandflecke veredelt. Ein elegant geschwungener, breitkrempiger Hut verhüllte ihr Antlitz. Der Rauch ihrer ägyptischen Zigarette stieg hoch, vermischte sich mit ihrem exotischen Parfüm, dem Gestank verwesender Fische und jenem unverwechselbaren Odeur, der nun mal den Mageninhalt vereinsamter Matrosen ausmacht. Mit mildem Schmelz in der Stimme fragte sie: »Nun, was haben Sie mir zu sagen?« Dann, nach einer Pause, in der ich mit meinem Leben abschloss, fuhr sie fort: »Was können Sie mir bieten?!

Ich hatte nichts in der Hand. Das lag an meiner Unfähigkeit. Ich hatte auch nichts in der Hose. Das lag an meiner Angst. Also verließ ich mich auf meinen Instinkt. Privatdetektive in meiner Situation verlassen sich immer auf ihren Instinkt. Die wenigsten überleben das. Das war mir klar. Ich musste alles auf eine Karte setzen:

»Haben Sie im Ernst geglaubt, Sie könnten mir etwas vormachen, Ma'am? Sie haben niemals ihren Liebhaber ermordet und auch kein Schließfach ausgeraubt. In Wahrheit heißen sie Penelope Ribbenworth, sind 23 Jahre alt und arbeiten im Grünflächenamt der Stadt San Francisco. In ihrer Freizeit sammeln Sie Margarine-Bilder und suchen seit Jahren verzweifelt einen kompetenten Therapeuten.«

Ihr Körper versteifte sich. Ruckartig hob sie den Kopf, so dass ihr Hut nach hinten rutschte und den Blick auf ihr Antlitz freigab. Ihre Gesichtszüge waren erstarrt, ihre Augen weit aufgerissen. Sie war immer noch wunderschön.

Mit tonloser Stimme fragte sie: »Woher wussten sie...«

Doch sie wartete meine Antwort nicht ab, sondern drehte sich abrupt weg und verschwand in der Dunkelheit des Hafendistrikts. Noch einige Augenblicke lang hörte ich das leiser werdende Klacken ihrer High Heels auf dem Pflaster, untermalt vom Röcheln der Hafenarbeiter, die zufällig Zeugen unserer Begegnung geworden waren.

Ich bin ihr nicht nachgegangen in dieser Nacht. Erst Jahre später hörte ich wieder von ihr. Sie hatte als Hausfrau in Montana eine völlig neuartige Tütensuppe entwickelt und wurde unglaublich reich damit. Aber das war schon weit in den fünfziger Jahren, lange, nachdem mir nordkoreanische Geheimagenten operativ die Nase entfernt hatten.

An jenem Abend verließ ich den Hafen durchaus mit mir zufrieden. Draußen traf ich den alten Mann, der mir schon am Morgen aufgefallen war. Als er mich erkannte, schien er sich zu freuen, denn er hob seine Stimme an: »Einst wird kommen der Tag, an dem alle Familien einen Mikrowellen-Herd haben, und Toilettenreiniger, die nach Zitrone duften. Und es wird Helene Fischer und Florian Silbereisen geben und die Talkshow von Markus Lanz. Und gemeinsam werden sie die ganze nördliche Hemisphäre in Angst und Schrecken versetzen. Es wird Kondome mit Lakritzgeschmack geben. Und ein kleines grünes Männchen, das sie Pumuckl nennen...«

Da wurde es mir zu bunt, ich zog meinen Revolver und erschoss ihn.

Der goldene Schuss

»Sooo, wir atmen jetzt gaaanz bewusst ein und aus. Ein und aus. Und jetzt lassen wir den Pfeil behutsam los.«
Ein leichtes Sirren ertönte auf der idyllischen Waldlichtung, gefolgt von einem satten *Plopp*. Und einem albernen Kichern. Madeleine Rösske hatte sich wieder mal nicht beherrschen können. Löbbach legte die Stirn in Falten.
Bereits zum dritten Mal hatte Steiner Communication das Teambuilding-Event »*Bogenschießen – In Eintracht mit dir und deinem inneren Kosmos*« bei Andreas Löbbach gebucht. Wieder hatte Löbbach die fünf Bögen auf ihre Funktionsfähigkeit getestet, die Sehnen eingeölt und gespannt sowie fünf große bunte Zielscheiben auf der Lichtung aufgestellt. Es galt, dem Kunden Erfolgserlebnisse zu bescheren, deshalb achtete er sehr genau darauf, dass die Scheiben nicht zu weit vom Schützen entfernt standen, sodass nur motorisch komplett unbegabte Zeitgenossen diese Ziele verfehlen würden. Menschen wie Madeleine Rösske eben.
»Marco, ich hab's schon wieder vermasselt«, rief Rösske fröhlich. Während ihre Kollegen die Zielscheibe halbwegs vernünftig getroffen hatten, war Rösskes Pfeil zum wiederholten Male im Unterholz verschwunden.
Marco Steiner lächelte gequält. Der Chef der Kommunikationsagentur hatte für die Ausrüstung eine Kaution hinterlegen müssen, die nun weiter schmolz. Die adrette Projektmanagerin hatte bislang alle drei Team-Events mitgemacht. Jedes Mal war sie im anthrazitfarbenen Business-

Outfit samt High Heels auf der morastigen Waldlichtung erschienen.

»Das war schon ganz gut, Madeleine«, sagte Marco Steiner tapfer. »Beim nächsten Mal klappt's bestimmt.«

Die Rösske war ein Fall für sich. Nicht allzu clever, aber fleißig war die rothaarige Endzwanzigerin. Die Kunden der Kommunikationsagentur, meistens Bezirksleiter aus dem regionalen Bier- und Automobilhandel, waren ganz hingerissen von der Frau mit der Modellfigur. Das war gut für den Umsatz. Und auch privat verstand sich Steiner immer besser mit ihr. Was seine Frau natürlich nicht wissen durfte.

Inzwischen hatte Steiner die mitgebrachten Schnittchen und den Prosecco auf der Motorhaube seines italienischen Flitzers angerichtet. Anschließend sollte der Tag bei einem mittelalterlichen Mahl in einem Gasthof ausklingen.

Während sein siebenköpfiges Team sich fröhlich plappernd stärkte, winkte Steiner Löbbach zu sich. »Herr Löbbach, ich kann leider nachher nur kurz zum Rittermahl, ich habe noch einen dringenden Termin bei meiner Bank. Den Scheck lass ich ihnen hier.« Löbbach nickte. Bislang waren Steiners Schecks nie geplatzt, was inzwischen nicht mehr selbstverständlich ist.

Gut eine Stunde später standen die Zeichen auf Aufbruch. Die anderen sechs Mitarbeiter der Agentur waren schon mit zwei Autos in Richtung einer nahen Burg aufgebrochen. Einzig Rösske hatte darauf bestanden, noch einen letzten Pfeil abzuschießen. Sie würde später beim Chef mitfahren, für Steiner eine willkommene Gelegenheit, die Erkundung von Rösskes strammen Oberschenkeln fortzusetzen.

Löbbach wartete schon ungeduldig, als Rösske zielte, den rechten Fuß unbeholfen nach vorn stellte und das Rückgrat durchbog, so wie Löbbach es ihr schon so oft gezeigt hatte.

Nur zum Schuss schien sie sich nicht recht überwinden zu können.

»Komm Madeleine, wir müssen los«, sagte Steiner leicht genervt.

»Was sagst du?«, fragte Rösske und drehte sich instinktiv zu ihrem Chef um. Im gleichen Moment ließ sie den Pfeil los. Und er traf Steiner prompt unter der linken Schulter.

»Was zum…«, staunte der Unternehmer noch, ehe ihm die Beine wegsackten.

Madeleine Rösske stand wie versteinert da. Sie hatte den Bogen fallen gelassen und sich die Hände vor das Gesicht geschlagen. Löbbach sah schon die Prämie seiner Haftpflichtversicherung wegen dieses Vorfalls durch die Decke gehen. Wenn er denn eine gehabt hätte. Eines Tages musste das ja passieren.

»Das blutet ja ganz schön«, meinte Steiner mit schwacher Stimme, als Löbbach bei ihm angekommen war. Dieser ahnte auch, warum. Der rote Fleck, der sich auf Steiners Polohemd zügig vergrößerte, zeigte ihm, dass eine Arterie getroffen war. Als langjähriger Karl-May-Leser wusste er, dass man in einer solchen Situation den Pfeil unbedingt stecken lassen sollte. Doch diese Vorstellung machte ihn noch nervöser, als er es ohnehin schon war. Also zog er kurzentschlossen den Pfeil heraus.

Im selben Moment begriff er seinen Fehler. Löbbach hatte hier im Wald kaum eine Möglichkeit, diese Blutung zu stoppen. Bis der Krankenwagen hier einträfe, wäre es zu spät. Das würde zu Fragen führen. Und Fragen konnte Löbbach gerade nicht gebrauchen. Wie aufs Stichwort begann Steiner, komische Geräusche von sich zu geben.

»Das ist mir ja noch nie passiert«, murmelte Rösske, der sämtliche Eloquenz abhanden gekommen war. Wäre ja auch noch schöner. Zögernd trat sie an ihren Chef heran. Dieser wollte etwas sagen, zog es jedoch vor, zu schweigen. Sein Blick richtete sich hin zum Waldrand, als ob dort ein großes Geheimnis auf ihn warten würde. Dann blieb er still.

»Ist er…«, fragte Rösske leise.

»Und ob«, antwortete Löbbach.

»Und jetzt?«

»Tja.«

Er musste die Polizei rufen. Es ging nicht anders. Hoffentlich gab es hier überhaupt Handy-Empfang. Es war natürlich ein Unfall, fahrlässige Tötung allenfalls. Dennoch, wenn diese Geschichte in die Zeitung kam, wäre er geschäftlich erledigt.

Über Rösskes geschminkte Wangen liefen zwei einzelne Tränen: »Können wir ihn nicht zudecken?«

Löbbach zögerte.

»Er guckt so komisch«, quengelte sie.

In seinem Wagen hatte Löbbach keine Decke. Also fingerte er Steiners Autoschlüssel aus dessen Hosentasche. Es dauerte, ehe er begriffen hatte, wie man den Kofferraum des Sportwagens öffnete. Eine Decke fand er dort zwar nicht. Dafür aber den Koffer. Einen eleganten Aluminiumkoffer, nicht abgeschlossen und bis zum Rand gefüllt mit blaulila Scheinen. Löbbach schluckte.

»Das ist aber…«

»…ziemlich viel Geld«, ergänzte Rösske, die jetzt neben ihm stand.

Deshalb hatte Steiner also noch zur Bank gewollt. Das wird zu noch mehr Fragen führen. Erst jetzt wurde es Löbbach flau.

Doch Rösske legte die Nase in Falten und dachte rasch wieder pragmatisch:

»Der Marco braucht das Geld jetzt ja eigentlich nicht mehr. Was meinen Sie: Fifty-fifty?«

Löbbach zögerte, dann nickte er fast unmerklich. Es gab nur zwei Zeugen: Ihn und Madeleine Rösske, und sie beide hatten kein Interesse daran, dass dieser folgenschwere Fehlschuss öffentlich wurde. Die Rösske könnte Steiners Wagen später irgendwo abstellen, vielleicht nahe der Autobahn oder einer Bundesstraße, von dort aus könnte Steiner ja ins Nirgendwo verschwunden sein. Man musste dafür nur aus dem Sichtfeld von Überwachungskameras bleiben.

Er und die Rösske brauchten später nur zu sagen, dass sie Steiner nicht mehr gesehen hätten, nachdem sie von der Lichtung weggefahren seien. Da musste jemand ihnen erst einmal das Gegenteil beweisen. Und es schien ja tatsächlich so, als ob der Agentur-Fuzzi einigen Dreck am Stecken gehabt hatte.

Dennoch war Löbbach ins Grübeln gekommen. Im Kofferraum war zwar ziemlich viel Geld, doch wenn man etwas durch Zwei teilte, wird »viel« immer relativ. Er dachte an seine *Ex* Magda, die immer noch wegen diesem lächerlichen Darlehen Theater machte und ihm mit dem Gerichtsvollzieher drohte. Sie war halt schon immer etwas kleinlich gewesen. Und er mochte es gar nicht, dass sie ihn immer wieder einen »jämmerlichen kleinen Event-Heini« nannte.

Letztlich hatte die Rösske geschossen. Das würde auch die Polizei so sehen, falls etwas schiefging. Dann aber fiel ihm ein, dass er ja den Pfeil bei Steiner herausgezogen hatte – und schon zeichnete sich ab, wie kompliziert alles werden könnte. Mit DNA und Fingerabdrücken und dem ganzen Kram, den er von *Medical Detectives* kannte. Und die Rösske würde ihn eiskalt ins Messer laufen lassen, beziehungsweise in den Pfeil, da machte sich Löbbach nichts vor. Also erstmal gute Miene zum bösen Spiel machen, die Rösske war ja vielleicht blöd genug, um sich selbst aus dem Rennen zu nehmen. Nur – was tun mit der Leiche? Löbbach kannte das Problem aus jedem TV-Krimi. Es scheiterte immer am Beseitigen der Leiche. Das Unterholz war hier zu dicht, um den Körper einfach wegzurollen. Also half nur eins: graben – und zwar tief genug, damit die Wildschweine hier nicht so schnell fündig wurden. Auf die Unterstützung der Rösske mit ihren lackierten Fingernägeln würde er wohl verzichten müssen. Und hier am Rand des Naturschutzgebietes waren die Wurzeln bestimmt dick.

Dankbar dachte Löbbach an den Rat seines Vaters: »Es ist im Leben nie verkehrt, immer einen Klappspaten dabei zu haben.« Da hatte sein alter Herr einmal recht gehabt. Fast beiläufig war seine Laune wieder besser geworden.

Er ging zum Kofferraum seines alten VW-Transporters, um den Klappspaten herauszuholen. Dort befanden sich auch zwei alte Jute-Beutel, in die er seinen Anteil des Geldes packen wollte.

Als Löbbach sich umsah, bemerkte er, dass Madeleine Rösske neben dem toten Steiner stand. Sie hatte ihren Bogen wieder in die Hand genommen und zielte jetzt mit einem Pfeil auf ihn. Trotz der grotesken Situation war Löbbach fast ein wenig amüsiert.

»Madeleine, was soll das? Sie können das doch nicht. Passen sie auf, dass sie nicht aus Versehen einen Hirsch treffen. Die haben gerade Schonzeit.«

Madeleine Rösske hatte sich sogar Lederhandschuhe angezogen. Sie kniff das linke Auge zu, bog den Rücken durch und ließ die Bogensaite los. Der Pfeil surrte wie an einer Schnur gezogen heran und traf Andreas Löbbach knapp neben dem linken Rippenbogen. »Hoppla, das war wohl die Lunge«, dachte er sich, hustete kurz und merkte, wie seine Knie nachgaben.

Die Rösske kam auf ihn zu und betrachtete zufrieden ihr Werk: »Sportfreunde Hechenschwand, hessische Jugendmeisterin im Bogensport. Ist zwar schon zehn Jahre her, aber insgesamt hat sich das doofe Training doch gelohnt.«

Löbbach begriff, dass Magda und ihre ewige Geldgier im Moment seine geringsten Probleme waren. Er würde den Pfeil nicht herausziehen, soviel hatte er gelernt. Doch er käme nur lebendig aus der Sache heraus, wenn jemand schnell einen Krankenwagen rufen würde. Sehr schnell. Doch die einzige dafür in Frage kommende Kandidatin war Madeleine Rösske. Und die hatte offenbar andere Pläne:

»Tja, Herr Löbbach, Ihr Seminar ›In Eintracht mit dir und deinem inneren Kosmos‹ hat meinen Horizont wirklich erweitert. In fünf Stunden geht mein Flug von Frankfurt nach Rio. Ich gehe nicht davon aus, dass man bis dahin Sie und den armen Marco gefunden haben wird. Ich werde am Strand einige Caipirinhas auf Sie beide trinken.«

Natürlich hätte sie Löbbach noch erzählen können, wie ihr Marco Steiner vor einigen Wochen nach einem intimen Abendessen von den 1,2 Millionen Euro Schwarzgeld erzählt hatte, die nach einem unkonventionellen Grundstücksgeschäft bei ihm hängengeblieben waren. »Damit fangen wir beide ganz neu an. Nur du und ich, Madeleine!«

Doch Madeleine hatte eine bessere Idee gehabt.

Löbbach wollte noch etwas sagen, doch ihm fiel gerade nichts ein. Das Letzte, was er von Madeleine Rösske sah, waren die leicht durchdrehenden Räder von Marcos Sportwagen, mit dem seine Mörderin samt dem Geld in Richtung Autobahn losfuhr. Löbbach dachte noch: ›Das hatte ich mir aber ganz anders vorgestellt!‹ Dann wurde ihm schwarz vor den Augen.

Das mit den Pfadfindern hatte Madeleine Rösske natürlich nicht vorhersehen können. Die St. Georgs-Jugend war erst eine halbe Stunde zuvor zu ihrer traditionellen Nachtwanderung aufgebrochen, vierzehn pubertierende Jugendliche beiderlei Geschlechts in adretten und gebügelten Uniformen. Sie hatten den reglos auf der Lichtung liegenden Löbbach zunächst für ein unerwartetes Gruselelement ihrer Exkursion gehalten. Nach dem ersten Erschrecken konnten sie seine Blutung mit Hilfe ihres Erste-Hilfe-Sets stoppen und ihn mit Mund- zu Mund-Beatmung solange am Leben halten, bis Polizei und Rettungsdienst auf der inzwischen nächtlichen Lichtung ankamen. Kurz war Löbbach aus seiner Ohnmacht erwacht und hatte gesehen, wie ihm eine pickelgesichtige 14-Jährige Atemluft in die Nase blies. ›Ach bitte, nein‹, dachte er noch, bevor er wieder ohnmächtig wurde. Noch vor dem Eintreffen der Retter hatten die Pfadfinder Fotos von Löbbach auf Whatsapp veröffentlicht, was ihnen Kommentare wie »Cool«, »Krass« oder »Sieht der Typ übel aus« einbrachte.

Marco Steiners Leiche fand die Polizei dann eher zufällig bei der nächtlichen Spurensuche, während Löbbach schon notoperiert wurde. Und sie fand auch den Pfeil mit Steiners Blut, irgendwelchen unbekannten Fingerabdrücken und natürlich denen von Löbbach, wie ihm der Haftrichter Tage später erklärte. Dann ordnete er die Verlegung des Schwerverletzten ins Gefängniskrankenhaus an.

Madeleine Rösske war das aber schon ziemlich egal. Sie hatte mit dem ungewohnten Sportwagen von Steiner zu kämpfen gehabt, der so rasant beschleunigen konnte. High Heels waren für so ein Auto eher ungeeignet, wie sie sich verärgert eingestehen musste. ›In Zukunft nur noch Sneakers‹, schwor sie sich, während sie mit der rechten Hand hektisch am Riemchen ihres Schuhes zerrte.

Einen Moment passte sie nicht auf, als das Heck des Sportwagens ausbrach und sie hektisch gegensteuerte. Mit beachtlicher Geschwindigkeit rutschte der Wagen in den Waldrand hinein und prallte mit der Fahrerseite gegen einen

Baum. Als Madeleine Rösske wieder zu sich kam, spürte sie einen dumpfen Schmerz hinter ihrem Zwerchfell und bemerkte Blut und ihren Lippenstift auf dem ausgelösten Airbag. »Mist«, flüsterte sie. Dann roch sie das ausgetretene Benzin und spürte, wie ihr kurz darauf sehr warm wurde.

Es dauerte einige Tage, ehe die Polizei die verkohlte Leiche in Steiners Wagen als die vermisste Mitarbeiterin seiner Agentur identifizieren konnte. Der Alukoffer im Kofferraum war geschmolzen, sein Inhalt verbrannt und nicht mehr zu identifizieren. Lange rätselte die Polizei, wie der tödliche Unfall zu dem Leichenfund und dem Schwerverletzten auf der nahen Waldlichtung passte, zumal sich beides fast zeitgleich ereignete. Am logischsten schien, dass die Rösske schon mit Steiners Auto vorausgefahren war. Kurz darauf war es zwischen den beiden Männern auf der Lichtung zum Streit gekommen oder zu irgendeinem bizarren Duell, bei dem sie sich gegenseitig mit Pfeilen be-schossen.

Löbbach erzählte zwar auch seine Version der Geschichte, wobei ihm selber klar war, dass sie sich sehr nach einer nicht besonders originellen Konstruktion anhörte. »Das lief schon irgendwie blöd«, meinte auch sein Anwalt, nachdem er Löbbach den Haftprüfungstermin wegen fehlender Erfolgsaussichten ausgeredet hatte. Nach einem halben Jahr Untersuchungshaft ging es ihm übrigens etwas besser. Nur an manchen Tagen, wenn das Wetter wechselte, spürte er die Narbe von der Wunde noch.

Für die Zeitungsgeschichte unter der Überschrift »Mein Leben mit dem brutalen Pfeilmörder« hatte sich Magda ausgiebig interviewen und bezahlen lassen.

Unter diesen Umständen fand sich Löbbach mit den acht Jahren Haft wegen Totschlags noch gut bedient. Das war Zeit genug, um ein neues Firmenkonzept zu entwickeln. Irgendetwas ohne Pfeil und Bogen.

Die heimtückische Veganer-Klatsche

»Hast du so einen Tatort schon mal gesehen?« Hauptwachtmeister Friedhelm Lerche hatte seine Dienstmütze abgenommen und kratzte sich ratlos den kahlen Schädel. Sein Kollege Martin Schöller schüttelte nur stumm den Kopf. Überall in dem kleinen Laden befanden sich wässrige Blutstropfen und kleine Fleischfasern an den Wänden und Auslagen. Die Tatwaffe des feigen Anschlags lag achtlos in die Ecke geworfen, praktisch in Griffweite des noch wimmernden Opfers, das am Boden sitzend von seiner 17-jährigen Tochter getröstet wurde.

»Meinst du, es ist was Politisches? Müssen wir den Staatsschutz einschalten?«, fragte Lerche seinen Kollegen besorgt.

Schöller schüttelte den Kopf: »Wenn du mich fragst, ist es eher etwas Kulinarisches.«

Die Fakten hatten die beiden Streifenpolizisten schnell zusammen.

Vor gut drei Monaten hatte das Opfer, Britta Heckmann, in einem alten Bauernhof *Brittas Hexenstübchen* eröffnet. Im kleinen Laden gab es allerlei Selbstgemachtes, vor allem aber Bio-Obst und -Gemüse sowie reichlich vegane Produkte. Heckmann wohnte mit ihrer 17-jährigen Tochter Vanessa direkt über dem Laden.

Am Tatabend hatte sie noch an der Abrechnung gesessen, als es heftig an der Ladentüre klopfte. Als sie öffnete, stand die Jungunternehmerin plötzlich einer maskierten Gestalt gegenüber, die sie mit einem heftigen Stoß in den

Laden beförderte. Im Nu war die Unternehmerin mit Kabelbindern gefesselt und der Alptraum begann.

Denn jetzt griff der Maskierte in eine mitgebrachte Tasche und holte eine frisch geschnittene Rinderroulade hervor. »Nimm das, du Körnerschlampe!«, schrie der Angreifer mit dumpfer Stimme und ohrfeigte sein wehrloses Opfer immer wieder mit dem frischen Fleischlappen. Schließlich rieb er ihr mit dem Fleisch noch einmal kräftig durch das Gesicht, ehe er floh. Kurz darauf wurde Heckmann von ihrer Tochter gefunden.

Lerche blickte konsterniert auf die Reste der malträtierten Roulade, die in der Ecke lag. »Die müssen wir kriminaltechnisch sichern lassen. Schmoren können wir sie ja leider nicht mehr.«

Rechtlich gesehen war es Hausfriedensbruch, Freiheitsberaubung und schwere Körperverletzung; kein Szenario, das die zuständige Kripo übermäßig motivierte. So lag es an Lerche und Schöller, die Hintergründe zu diesem rätselhaften Fall zu sammeln:

Nachdem Heckmann eröffnet hatte, sorgte sie zunächst für wenig Aufmerksamkeit. Erst ihr kleiner Artikel in der Lokalpresse (Rubrik: »Der Einzelhandel stellt sich vor«) verschaffte ihr erhöhtes Interesse. Dort behauptete sie, dass vegan lebende Männer bessere und ausdauerndere Liebhaber seien und verwies auf entsprechende amerikanische Studien.

Am Tag nach der Veröffentlichung durfte sich Heckmann über einen deutlichen Umsatzschub in ihrem Laden freuen. Weniger gut lief es für Roland Kössler, Inhaber der größten Fleischerei im Ort mit eigener Schlachterei im Gewerbegebiet. Dieser hatte den Artikel auch gelesen, belächelt und schließlich verflucht. Denn die damit einher gehende Umsatzdelle vor dem Wochenende war ebenso unerwartet wie unwillkommen.

Es war der Auftakt einer gepflegten Schlamm- oder – besser gesagt – Fleischschlacht. Kössler plakatierte rund um den Marktplatz »Fleisch ist ein Stück Lebenskraft«, wobei er höchstselbst mit einem fröhlich dreinblickenden Ferkel posierte, über das er spielerisch das Schlachterbeil schwang. Heckmann schaltete Anzeigen mit einem attraktiven Muskelprotz und der Überschrift »Wer vegan lebt, liebt besser.« Kössler konterte mit »Fleischeslust auf Putenbrust«, Heckmann erwiderte: »Müsli macht matte Männer munter«.

Schließlich konnte Kössler mit sanftem Druck einen eintägigen Infostand vor dem Supermarkt durchsetzen, wo er mit Flugblättern für eine ausgewogene, also ausreichend fleischhaltige Ernährung warb. Interessenten, die sich auf ein kurzes Infogespräch einließen, wurden mit einer kostenlosen Probe von Kösslers hausgemachter Leberwurst belohnt (»Die mit dem *Hmmm!*).

Gleichzeitig wurde hinter den Kulissen eifrig schmutzige Wäsche gewaschen. Laut Kössler sollte es Bilder einer Überwachungskamera geben, die die heftig missionierende Veganerin Heckmann beim Kauf eines marinierten Schweinefilets zeigte. Heckmann wiederum behauptete, Kössler habe bei Amazon das Buch *Rank und schlank dank der grünen Küche* erworben und entsage seitdem seinem üblichen Mittagsgericht (halbroh gegarte Schweinsbuletten).

Dessen ungeachtet fanden sich immer mehr, vorwiegend weibliche, Kunden in *Brittas Hexenstübchen* ein. Das musste angesichts der gestiegenen Nachfrage jetzt nahezu täglich mit ungeschroteten Körnern, Baumwollflachs und schrumpeligem Bio-Obst beliefert werden, so dass Britta Heckmann schon ernsthaft eine Neueröffnung im Ortszentrum in Erwägung zog.

Längst hatte der Zwist um das Fleisch den Alltag der Menschen im Ort erreicht. Die Betreiber des örtlichen

Restaurants wollten die traditionsreichen Steakwochen deshalb nicht unbedingt zur Disposition stellen, verwiesen aber per Aushang darauf, dass auch Korn und Bier per se vegane Nahrungsmittel sind. Und die Freie Wählergemeinschaft ließ im Gemeinderat besorgt anfragen, ob die Debatte nicht nachteilige Folgen für die örtliche Wirtschaft haben könnte.

Das waren also die Vorzeichen für den heimtückischen Rouladenanschlag auf Britta Heckmann, der diese bei ihrer ersten polizeilichen Vernehmung weniger erschütterte als wütend machte: »Das war gewiss der Kössler, dieser Frischfleisch-Terrorist.«

Doch Kössler hatte ein Alibi, nach vier Bier war er bei einer Fußballübertragung vor dem heimischen Fernseher sanft eingeschlummert, wie es Ehefrau und sein ebenfalls anwesender Schwager glaubwürdig bezeugten. Hagen Schobeck war nicht nur Kösslers Schwager, sondern auch Chefbuchhalter seiner Fleischfabrik.

Zu diesem Zeitpunkt hatten Lerche und Schöller längst ihre kriminalistische Ader entwickelt. So wussten sie, dass mindestens zwei Zeugen einen von Kösslers auffälligen Firmenwagen trotz dichtem Nebel zum Tatzeitpunkt nahe dem Tatort gesehen hatten. Und es gab keine Hinweise auf den Aufenthaltsort von Marvin, Kösslers 18-jährigen Sohn. Dieser machte im väterlichen Betrieb die obligatorische Metzgerlehre, um dereinst die alteingesessene Frischfleisch-Dynastie in fünfter Generation zu übernehmen.

Als die Polizisten Marvin nach einem langen Berufsschultag endlich zur Rede stellten, wurde er blass und fragte:

»Habe ich ein Problem?«

»Das wird sich zeigen«, konstatierte Schöller streng.

»Dann muss ich mal telefonieren,« meinte Marvin.

Mit dem Alibi, das er danach präsentierte, hatten die beiden Polizisten nicht gerechnet:

»Ich war zum Tatzeitpunkt mit Vanessa Heckmann zusammen.«

Vanessa, die inzwischen hinzugekommen war, bestätigte das Treffen. Die Tochter der Vegan-Aktivistin und der Fleischerspross waren seit einem halben Jahr zusammen, heimlich natürlich, denn die Eltern durften von der verbotenen Liaison nichts wissen.

»Manchmal fahre ich mit der Vanessa kilometerweit, nur damit wir mal unerkannt in einen Fastfood-Laden gehen können«, sagte Marvin leise.

»Meine Mutter würde ausflippen«, ergänzte Vanessa.

»Ja, die Fleischeslust«, meinte Lerche nicht ungerührt, der allerdings bedauerte, dass ihn diese Erkenntnis bei seinem Fall nicht weiterbrachte.

Natürlich hätte Britta Heckmann den Überfall auf sich selbst inszenieren können, um den Machtkampf mit dem Fleischer zu entscheiden. Der Familiennachwuchs gab sich gegenseitig ein Alibi und hatte zudem kein Motiv. Kössler hatte ein Alibi von seiner Frau und seinem Buchhalter. Allerdings erwähnte Wiebke Kössler beiläufig, dass sie ihren Bruder und den schlafenden Ehemann irgendwann im Wohnzimmer allein gelassen habe und ins Bett gegangen sei.

»Was würde Colombo jetzt machen?«, fragte Hauptwachtmeister Friedhelm Lerche, der seit Jahren stolzer Besitzer einer DVD-Box mit allen Fällen des zerknautschten TV-Ermittlers war. So ergab es sich, dass sich gut eine Woche nach dem Überfall neben Britta Heckmann auch die Familie Kössler im Polizeikommissariat einfinden musste. Denn die beiden Streifenpolizisten konnten einen Durchbruch vermelden:

»Wir haben die Roulade ins Landeskriminalamt eingeschickt. Dort hat man mit einem völlig neuen forensischen

Verfahren Fingerabdrücke gefunden«, sagte Schöller, der beim Lügen immer automatisch rot wurde.

Einen Moment lang herrschte Stille im Besprechungszimmer. Dann sagte Hagen Schobeck: »Das kann nicht stimmen! Ich habe ja schließlich Handschuhe getragen!«

Kaum war der Satz in der Welt, da dämmerten Schobeck dessen Folgen und er meinte: »Ich sag jetzt nichts mehr.« Allerdings kam dieser Entschluss ein paar Augenblicke zu spät.

Roland Kössler war entsetzt: »Warum hast du das getan? Wir hätten das Problem auch so in den Griff bekommen.«

»Von wegen«, konterte sein Schwager, »seitdem die Heckmann ihren Körnerkram anbietet, ist unser Umsatz um sieben Prozent zurückgegangen. Außerdem kümmerst du dich nur noch um deinen dämlichen Kleinkrieg und hast keinen Blick mehr für das Tagesgeschäft!«

»Naja, sie werden diesbezüglich noch Post vom Staatsanwalt bekommen«, meinte der mit sich sehr zufriedene Lerche. Ihm war die Idee mit dem Bluff eingefallen, den sein Kollege Schöller zunächst mit »Nee, das ist doch doof« abbügeln wollte.

Nach dem Geständnis führten Britta Heckmann und Roland Kössler ein längeres, durchaus emotionales Gespräch. An dessen Ende nahm Kössler die von Heckmann produzierten Grünkern-Bratlinge und Veggieburger probehalber in das Sortiment seiner Metzgereien auf. Dort entwickelten sie sich zu seiner Überraschung zu soliden Umsatzbringern.

Vanessa und Marvin waren nun auch offiziell ein Paar, jedenfalls solange, bis sich Marvin in die angehende Fleischereifachverkäuferin Hannah in seiner Berufsschulklasse verguckte, – die ja auch viel besser zu einer regionalen Fleischerdynastie passte.

Vanessa weinte sich zwei Tage lang die Augen aus. Dann belegte sie ihren »Ex« mit Unterstützung ihrer Mutter mit einem schamanischen Fluch, ehe sie Volkswirtschaft studierte und Unternehmensberaterin wurde. Schließlich war das Böse so oder so in der Welt.

»Der Nächste, bitte«
Arztgeschichten

Dr. Bromfeld – Der Arzt, der die Frauen versteht
Eine TV-Serie

Und wieder ging die Sonne über der idyllischen Parkklinik am Bergsee auf. Dr. Sascha Bromfeld, Chefarzt, begnadeter Chirurg, Weltumsegler, preisgekrönter Landschaftsmaler und badischer Meister im Kunsthäkeln, steuerte im eigenhändig rekonstruierten englischen Sportwagen seinen Parkplatz vor der Klinik in der schmucken Jugendstil-Villa an. Auch heute würde Dr. Bromfeld wieder Leben retten und Leiden lindern, denn nichts anderes war seine Bestimmung.

Der blonde Gelegenheitsbodybuilder und Extrembügler war der Schwarm aller Frauen in der kleinen Kurstadt. Nur wenige wussten von der dunklen Tragödie, die das Schicksal des erfolgsverwöhnten Mediziners überschattete. Erst vor zwei Jahren hatte Bromfeld seine innig geliebte Frau Veronika verloren. Die ehemalige Schönheitskönigin und spätere Tierärztin war bei dem Versuch, eine Elefantenkuh künstlich zu besamen, tödlich verunglückt. Nachdem Veronika in seinen Armen starb, schwor Bromfeld, dass es in seinem Leben nie wieder eine Frau geben werde.

Nun musste sich Bromfeld allein um seine schwer erziehbare Tochter Vanessa kümmern, die im hektischen Klinikalltag oft vergeblich um die väterliche Aufmerksamkeit rang. Erst nachdem die Neunjährige erfolgreich und im großen Stil die Lehrer ihres Internats erpresst hatte, begann eine Veränderung bei Bromfeld. Nun besuchte er Vanessa regelmäßig im geschlossenen Erziehungsheim.

Für seine Hobbys, italienische Küche und das Übersetzen seltener Sanskrit-Handschriften, blieb ihm nun noch weniger Zeit.

Kaum hatte Bromfeld den blütenweißen Arztkittel über die Designerstrickjacke *Svenska* gezogen, da wartete in der Notaufnahme schon der erste Patient des Tages. Ein Rettungshubschrauber hatte Torsten, genannt »Torsti« Rabattke in den frühen Morgenstunden eingeflogen. Der Zustand des hoffnungsvollen Bundesliga-Profis war ernst. Mit einem Intelligenzquotienten von knapp über 15 war Torsti bereits Nationalspieler und Torschützenkönig geworden. Nun lag er von Schmerzen geplagt auf der Krankenbahre. Beim Barfußlaufen nach dem Duschen hatte Rabattke einen mikroskopisch kleinen Holzsplitter in den wertvollen Fußballen bekommen. »Das tut echt fies weh«, meinte er unter Tränen.

Vor der Tür der Notaufnahme wartete Isolde von Hohenlage, Nachtclubbesitzerin und Managerin der Ballsporthoffnung. Seit mehreren Tagen ernährte sie sich nur noch von Zigaretten. Die unerwartete Krise um Torsti forderte nun die letzten Reserven von ihr.

Endlich trat Bromfeld vor die Tür der Notaufnahme. Isolde sprang auf: »Sagen Sie mir ehrlich, wie stehen seine Chancen?«, fragte sie mit tonloser Stimme. »Ich vertrage die Wahrheit.«

Bromfeld sah sie zögernd an. So eine attraktive Frau, so einsam und so vom Schicksal gebeutelt. Mit einem Mal fühlte er sich mit der aparten Ex-Domina auf magische Weise verbunden.

»Ich kann Ihnen nichts versprechen. Aber wir tun, was in unserer Macht steht.« Dann wandte er sich wieder seinem prominenten Patienten zu. »Sofort in den OP mit ihm«, befahl Bromfeld knapp. Hier war er mit seinem gesamten ärztlichen Können gefordert.

Isolde von Hohenlage konnte ihre Nervosität kaum beherrschen. Das war also der Mann, von dem die ganze Kurstadt sprach. Vom ersten Moment an war sie gefesselt von Bromfeld, sie, die sich nie wieder einem Mann hingeben wollte – zumindest nicht umsonst. Doch Isolde bekämpfte die Gefühle in ihrem Innersten. Zunächst musste ihre ganze Aufmerksamkeit Torsti gelten. Die Sekunden schienen zu schleichen, Isolde durchlitt Wogen der Hoffnung und Täler tiefster Verzweiflung. Nach zwei Minuten öffnete sich die Tür der Notaufnahme. Bromfeld lächelte erleichtert:

»Ich denke, er hat es geschafft. Ja, er ist über den Berg. Der Holzsplitter ist raus.«

Eine gnädige Ohnmacht der Erleichterung ließ Isolde von Hohenlage in Bromfelds Arme sinken. Und auch dem Chefarzt ließ der Duft von Isoldes sinnlichem Parfum kurz die Sinne schwinden.

Auf der Intensivstation wartete allerdings schon eine neue Herausforderung auf Dr. Bromfeld. Erst gestern hatte er dem wohlhabenden Fabrikanten Bert Schmiedermann zwei neue Herzklappen und sechs Bypässe verpasst. Nun hatte der Mittsechziger mit einem glücklichen Lächeln auf den Lippen sein Leben auf dem Krankenlager ausgehaucht. Völlig unerklärlich für Bromfeld: »Er war doch schon auf dem Weg der Besserung?« Selbstzweifel befielen Bromfeld plötzlich, heftig wie Gallenkoliken. War das der Moment, vor dem er sich sein ganzes Leben lang gefürchtet hatte? Das Scheitern, das Versagen, der unentschuldbare Fehler?

Derweil suchte Schwester Ingeborg verzweifelt nach ihrem schwarzen Schlüpfer, der ihr in der Hektik der vergangenen Minuten unter Schmiedermanns Sterbebett gerutscht sein musste. Nie hätte sie dem Drängen des Schwerstkranken nachgeben dürfen, warf sich die erfahrene Stationsleiterin vor. Das wilde, wenn auch ungemein erregende Liebesspiel inmitten der blau gekachelten Intensivstation war zu viel für das Herz des Patienten gewesen, dessen Witwe bereits nervös mit dem Familiennotar wegen des Testaments telefonierte.

Schwester Ingeborg war untröstlich. Spätestens als die Überwachungsmonitore der Kreislaufmaschinen wegen Überlastung durchbrannten, hätten sie abbrechen müssen. Doch da war es schon zu spät gewesen. Zu lange hatte sie auf die leidenschaftliche Zuneigung eines Mannes verzichten müssen, zu sehr war sie in ihrem Beruf aufgegangen. Doch ihr Moment der Schwäche war tödlich für Schmiedermann gewesen...

Stunden später beichtete Schwester Ingeborg im Chefarztzimmer ihr Versagen. Mit ernstem Blick hörte Dr. Bromfeld das Geständnis der erfahrenen Fachkraft an. Er schwieg lange, dann sprach er mit leiser Stimme:

»Manchmal müssen wir ungewöhnliche Wege gehen, um unseren Patienten zu helfen. Das Risiko gehört leider immer dazu.«

Bromfeld erinnerte sich noch gut daran, wie uneigennützig er als junger, gutaussehender Assistenzarzt einem bettlägrigen Prominentenfriseur beigestanden hatte. Der kleine Sportwagen, den er später als Dank für den selbstlosen Einsatz im Krankenzimmer erhalten hatte, leistete ihm noch viele Jahre gute Dienste.

Schwester Ingeborg konnte ihr Glück kaum fassen.

»Dann bin ich nicht entlassen?«

»Aber nein, Sie haben es ja nur gut gemeint. Er starb als glücklicher Mensch. So, und nun gehen Sie in Ruhe ihren Schlüpfer suchen.«

Schwester Ingeborg war überwältigt. »Oh, Doktor Bromfeld, Sie sind so gütig und verständnisvoll. Das werde ich Ihnen nie vergessen.«

Mit den Tränen ringend und doch unendlich erleichtert eilte sie aus dem Chefarztzimmer.

Wohlwollend blickte Bromfeld der ehemaligen Miss Nordfriesland hinterher. Mit ihr wollte er schon immer mal gemeinsam Nachtdienst machen.

Draußen wartete bereits Isolde von Hohenlage auf ihn, die vollen, nur geringfügig mit Silikon nachgespritzten Lippen bereits blutig genagt von unstillbarem Verlangen.

»Herr Doktor, ich… ich werde nie vergessen, was Sie für uns getan haben.«

Bromfelds smaragdgrüne Augen blieben einen Augenblick zu lange in Isoldes metallicblauen Pupillen hängen.

»Ich bitte Sie, ich habe nur meine Arbeit getan.«

›Oh Gott, er ist so selbstlos‹, durchfuhr es Isolde. ›Und er hat einen so knackigen Hintern.‹

In diesem Moment war es um Isolde von Hohenlage geschehen. Sie fiel Bromfeld um den Hals, der sich nun auch nicht mehr gegen das Trommelfeuer der Gefühle wehren konnte. Ihre Lippen saugten sich aneinander fest, die Zungen verschlungen im alles verzehrenden Taumel der Ekstase. Aus den Augenwinkeln sah Bromfeld noch das tiefschwarze Muttermal auf der schneeweißen Haut von Isoldes Halsbeuge. ›Hoppla, Hautkrebs‹, dachte Dr. Bromfeld noch.

Abspann.

Aus dem Tagebuch eines Chefarztes

Montag
Großkampftag im Operationssaal. Habe gleichzeitig einen Blinddarm entfernt, einen Trümmerbruch im Schienbein gerichtet und einem Kassenpatienten die Milz entfernt. Das mit der Milz war medizinisch nicht unbedingt erforderlich, aber ich war gerade so gut in Form. Habe mir zu Feier des Tages bei *Chez Igor* geeiste Kaviarköttel auf Champagnerschnee gegönnt. Ist doch immer wieder schön, wenn man anderen Menschen helfen kann.

Dienstag
Natürlich muss man wegen einer Wasserblase am Fuß nicht immer gleich amputieren. Aber als behandelnder Arzt habe ich ja wohl einen gewissen Entscheidungsspielraum. Und nachher jammern die Patienten. Haben die vielleicht wie ich acht Jahre Medizin studiert? Ich finde die Schmerzensgeldklage von diesem Wichtigtuer jedenfalls absolut lachhaft. Praktischerweise kenne ich den Gerichtsgutachter noch von diesem netten Saunawochenende mit Olga und Swetlana, das damals von diesem Vertreter für künstliche Herzklappen in Moskau organisiert wurde. Ja, die Welt ist klein. Was wohl aus den beiden hemmungslosen Ludern geworden ist?

Mittwoch
Schlecht geschlafen. Schon morgens waren meine Aktien um drei Prozent gefallen. Von wegen Geheimtipp. Ausge-

rechnet jetzt, wo ich die Yacht in Cannes gerade angezahlt habe. Musste deshalb kurzerhand zwei Bypass-Operationen vorziehen. Beides Privatpatienten. Na bitte, unser Gesundheitssystem funktioniert doch. Der Oberarzt hat blöd geguckt, weil er die beiden schon fest für sich eingeplant hatte. Soll er doch sehen, wie er sein Bauherrenmodell finanziert kriegt.

Donnerstag
Nervenzusammenbruch der Chefkrankenschwester wegen der vierten Doppelschicht in dieser Woche. Natürlich wieder mal in meiner Dienstzeit. Reine Schikane von der alten Kuh. Ich habe auch viel zu tun. Und, beklage ich mich etwa ständig? Habe mir auf den Schreck gleich telefonisch bei *Chez Igor* eine Portion Sardische Trüffellasagne bestellt. Die kann man wenigstens in der Mikrowelle aufwärmen.

Freitag
Nachmittags Hausbesuch beim alten Oldendrupp. Seine chronische Schrumpfniere hat mir damals nach meiner ersten Scheidung wirklich aus der Klemme geholfen. Viermal die Woche kam er zu mir in die Sprechstunde. Privatpatient, Selbstzahler, das sind mir die Liebsten. Und dabei immer gut drauf. Schließlich habe ich ihn ein für alle Male auskuriert. Familiengrab, Südlage, unter einer alten Eiche. Beim nächsten Mal bringe ich Blumen mit.

Sollte mal die nette neue Pharma-Referentin zum Abendessen ins *Chez Igor* einladen. Man muss ja schließlich was für den Nachwuchs tun, am besten, wenn Hilde für sechs Wochen im Sanatorium am Comer See ist.

Samstag
Bei der Herzkatheder-Untersuchung war der Assistenzarzt wieder mal sternhagelvoll. Noch einmal lasse ich ihm das nicht durchgehen, auch wenn er der Neffe von unserem Verwaltungsdirektor ist. Letzte Woche hatte er bei einer Ultraschalluntersuchung eine Zwillingsschwangerschaft diagnostiziert – bei einem 60-jährigen Frührentner. Außerdem hatte er den Schlüssel für die Pathologie verbummelt. Zwei Tage lang mussten wir die verstorbenen Patienten im Kühlraum der Krankenhaus-Cafeteria zwischenlagern. Ist nicht gut, wenn sich das herumspricht.

Sonntag
Habe Hilde zum 15. Hochzeitstag ein komplettes Face-Lifting spendiert. Wenn ich es jetzt nicht mache, steht sie irgendwann unter Denkmalschutz. Werde sie am Montag zwischen den Hirntumor und dem komplizierten Rippenserienbruch einschieben. Vorher kann ihr der ugandische Austauscharzt noch schnell die Krampfadern ziehen. Für Doktor M'Beke eine schöne Gelegenheit, endlich mal vernünftig Deutsch zu lernen.

Montag
Werde mich nachher im *Chez Igor* beschweren. Die Frischlingsherzen im Salbeidunst von gestern Abend haben mir noch ewig im Magen gelegen. Hätte vielleicht doch noch einen sechsten Grappa nehmen sollen. Aber ich muss ja heute noch operieren.

Doktor Frankenstein – Sprechstunden täglich

Ich schreibe meine Geschichte auf, weil ich nicht weiß, wie lange ich dieses jämmerliche Dasein noch aushalte. Noch habe ich die Hoffnung, dass mein Geständnis des Grauens anderen Ärzten eine Warnung ist. Mir jedoch kann niemand mehr helfen, denn ich habe das getan, was ein Arzt niemals tun darf: Ich habe in die Schöpfung eingegriffen und Gott gespielt. Dafür musste ich einen furchtbaren Preis zahlen. Mit anderen Worten: Ich bin verheiratet.

Dabei hatte alles ganz harmlos angefangen. Früh galt ich als Wunderkind der medizinischen Fakultät. Schon als 16-jähriger Förderstudent durfte ich unter Aufsicht meiner Professoren unwichtige Körperteile amputieren und Bauchschnitte bei Patienten machen, die ohnehin verloren waren.

Bald darauf standen mir alle Türen offen. Ich war der erste Gehirnchirurg, der während einer laufenden Operation in einer der allseits beliebten Karaoke-Shows im Fernsehen auftrat. Mein Leben war ganz auf die Medizin ausgerichtet, ich tingelte durch die Großstädte unseres Landes, ganze Fußballstadien füllten sich bis auf den letzten Platz, wenn ich im Anstoßkreis schwere Schädeleingriffe durchführte. Ich genoss den minutenlangen Applaus, der zuverlässig auf den Rängen aufbrandete, wann immer ich das Unmögliche möglich gemacht habe.

Doch unter dem Erfolg begann mein Privatleben zu leiden. Ich war ein junger Mann mit ganz normalen Bedürfnissen. Die heimlichen, nächtlichen Besuche im örtlichen

Streichelzoo oder bei den Neuzugängen der Leichenkammer waren kein wirklicher Ersatz für die Zuneigung eines lebendigen weiblichen Wesens aus Fleisch und Blut.

Dann kam jener schicksalhafte Tag, der mein ganzes bisheriges Leben auf den Kopf stellen sollte. Und er begann mit einem tragischen Unfall in den örtlichen Filmstudios. Das Opfer war Lola Lamarr, Hauptdarstellerin von dokumentarischen Spielfilmen wie *Intime Bekenntnisse einer Fleischereifachverkäuferin*, *Aus dem Tagebuch eines dänischen Postboten* oder *Wenn mein Busen reden könnte*.

Lola Lamarr starb bei einer ihrer typischen, künstlerisch sehr anspruchsvollen Szenen, in der sie mit fünfzehn nackten Bundesliga-Spielern einen gemischten Obstsalat zubereiten sollte. Unglücklicherweise stürzte sie dabei aus dem Studiobett und brach sich den Hals. Stunden später stand ich in der Leichenhalle vor ihrem leblosen Körper. Ihre blonden Locken wanden sich engelsgleich um den ranken Hals, die gesamte nackte Vollkommenheit ihrer Jugend starr auf der Bahre. In diesem Moment war ich Lola Lamarr verfallen und das Verhängnis nahm seinen Lauf.

Noch in derselben Nacht ließ ich ihren Körper aus der Leichenhalle verschwinden. Mit meinem japanischen Kleinwagen schaffte ich ihn in meine abgelegene Gartenlaube. Dort lagerte ich sie in der Tiefkühltruhe zwischen selbst gepflückten Kirschen und Fischstäbchen ein. Nun war es an der Zeit, meinen geheimsten Plan, meine größte Vision zu verwirklichen.

Nie habe ich mich als Arzt mit der Endgültigkeit des Todes abfinden können. Ich wollte meine außerordentlichen chirurgischen Fähigkeiten dazu nutzen, die Verstorbenen aus einer Welt ewiger Dunkelheit zurück ins Licht zu holen. Und wer schien dazu besser geeignet, als Lola Lamarr, nach der man immerhin schon Atomkraftwerke benannt hatte?

Einzig meinen langjährigen Assistenten Dietmar weihte ich ein, der mir bei meinen schwierigsten Operationen stets treu zur Seite gestanden hatte. Ihm konnte ich blind vertrauen. Er war ja auch blind.

Doch die Aufgabe war schwieriger als gedacht. So hatten Lolas Ohrläppchen bereits angefangen zu faulen, und durch den mehrtägigen Aufenthalt in der heimischen Tiefkühltruhe litt sie sichtbar an Gefrierbrand an den Oberschenkeln.

Seit Monaten hatte ich an einer aufwändigen Apparatur gebastelt, bestehend aus einem ausrangierten Pizzaofen, dem Netzteil einer Modelleisenbahn und der Starterbatterie einer Mittelklasse-Limousine. Sie würden den Funken liefern, der Lola Lamarrs irdischem Dasein eine neue Chance geben sollte.

In einer stürmischen Herbstnacht war es schließlich soweit. Die Blitze zuckten vom Himmel, heftig zerrte der Wind an den dünnen Wänden des Labors. Noch lag Lola Lamarr leblos, nackt und vollständig verkabelt auf dem Operationstisch.

»Dietmar, es ist soweit«, flüsterte ich.

»Ja, Meister«, kam es kaum hörbar zurück.

Alle Regler waren aufgedreht, die Kabel glühten bereits, als ich den alles entscheidenden Hebel umlegte.

Das erste, was ich hörte, war mein treuer Gefährte Dietmar, der in seiner Blindheit versehentlich an das blanke Kabel der Wiederbelebungsmaschine gefasst hatte: »Ich kann wieder sehen, ich kann wieder sehen!«, jubelte er voller Freude.

»Nicht jetzt, Dietmar«, tadelte ich sanft. So entging mir, dass Dietmar vor lauter Begeisterung über das wiedergewonnene Augenlicht die Balance verlor und kopfüber in eine randvoll gefüllte Regentonne stürzte. Es sollte später nicht leicht werden, seine Leiche zu entsorgen.

Doch Lola rührte sich nicht. Ich war verzweifelt und versuchte es mit einem noch stärkeren Stromstoß erneut. Wieder passierte nichts. In meiner Not begann ich ihr etwas Weinbrand einzuflößen. Das zeigte endlich Wirkung.

»Nicht schlecht«, hauchte sie. »Ich will noch einen, und zwar einen doppelten.«

Ja, ich hatte tatsächlich den scheinbar unbesieglichen Tod überwunden.

»Was, was ist mit mir geschehen?«, fragte Lola.

»Sie, äh, du warst tot. Ich habe dich wiederbelebt.«

Sie lächelte madonnengleich, war schrecklich verlegen. Zum ersten Mal schien sie sich ihrer Nacktheit bewusst zu sein: »Weil Sie, äh, du mir das Leben zurückgegeben hast, werde ich mich wohl erkenntlich zeigen müssen.«

Die nächsten Tage und Nächte vergingen wie im Rausch. Wir waren gefangen im Reich der Leidenschaft. Noch im Labor lehrte mich Lola Lamarr den *Tibetanischen Honigdübel*, den *Schwitzenden Ochsen bei Vollmond* und den *Kasachischen Ekstase-Jodler*, nicht zu vergessen die ersten zwölf Kapitel des *Kamasutra* (Taschenbuchausgabe).

Als ich in einer kurzen Pause unserer neckischen Spiele erneut künstlich beatmet werden musste, erkannte ich, dass Lola und ich füreinander bestimmt waren. Ein Standesbeamter, dem ich vor Jahren diskret eine neue Prostata eingesetzt hatte, traute uns heimlich.

Ich begann meinen Beruf zu vernachlässigen, operierte nur noch gelegentlich und lustlos. Als mir bei einem Eingriff die verkümmerte Hirnanhangdrüse eines Schlagersängers auf den Boden fiel, war meine medizinische Karriere beendet – obwohl der Patient keine erkennbaren Folgeschäden erlitten hatte.

Das alles ist Jahre her. Mittlerweile wohnen Lola und ich in einer kleinen Zweizimmer-Wohnung am Stadtrand. Ich muss gestehen, zwischen uns läuft es nicht mehr so gut wie früher. Lola wiegt inzwischen weit über zwei Zentner und braucht jeden Tag einen halben Liter Aquavit, um überhaupt in Schwung zu kommen. Und sie träumt von einer Rückkehr ins Kino, um ihr Schicksal verfilmen zu lassen. Aus diesem Grund hatte sie auch heimlich Kameras in unser Schlafzimmer einbauen lassen. Zufällig habe ich eines der Videos entdeckt. Ich wusste gar nicht, dass ich so viele Pickel am Po habe.

Nach einem Streit schraubte ich ihr den Kopf ab, als sie schlief. Daraufhin hat sie zwei Wochen lang nicht mehr mit mir gesprochen und mir aus Protest ihre Milz an die Küchentür genagelt. Um mich bei ihr zu entschuldigen, hatte ich ihr eine dritte Brust eingepflanzt. Ein schwerer Fehler, denn jetzt kann sie kaum mehr aufrecht stehen. Es ist einfach unsymmetrisch. Aber ich muss jetzt aufhören, sie ruft nach mir. Wird es denn nie ein Ende haben?

»Jaja, ich komme ja schon, mein Moorhühnchen...«

Die Nächste, bitte

Also, ich kann mich wirklich nicht beklagen. Die Wände meiner Zelle sind angenehm gepolstert. Morgens kriege ich eine Pille, damit ich munter werde, abends ein Zäpfchen, damit ich einschlafe. Die Pfleger sind alle sehr nett zu mir. Und doch, etwas vermisse ich mein früheres Leben schon. Andererseits, jetzt geht es mir wieder richtig gut. Doch zuvor musste ich durch die Hölle gehen. Und alles nur wegen Marieluise Ommenplänter.

An einem 1. November hatte ich meine Praxis eröffnet. Und gleich stand sie vor der Tür, Marieluise Ommenplänter, eine nette ältere Dame, etwas übergewichtig, im Lodenkostüm und mit Kapotthütchen.

»Was bin ich froh, dass wir hier endlich wieder einen Arzt haben, Herr Doktor«, sagte sie noch am Empfang. Und dann senkte sich ihre Stimme und wurde vertraulich: »Sie müssen nämlich wissen, ich habe es schlimm im Kreuz.«

Bald darauf saß sie bei mir im Behandlungszimmer. Und während ich Marieluise Ommenplänters Bandscheiben auf den Kopf stellte, berichtete sie mir von dem Ehefiasko mit ihrem Karl-Heinz, von ihrem altersschwachen Dackel Kuno und von ihrer undankbaren Tochter Gisela, die immer noch unbedingt Verkäuferin werden will, obwohl ihr mit Fachabitur doch alle Türen offen stehen.

»Und dann wollen wir ja schießlich noch in den Urlaub fahren, nicht. Waren Sie schon mal im Taunus, Herr Doktor?«

»Frau Ommenplänter, das mit ihrem Rücken ist Verschleiß, wenn überhaupt«, sagte ich sanft, verschrieb ihr eine leichte Salbe und empfahl heiße Bäder mit Blütenextrakten.

Sie sah mich dankbar aus großen braunen Augen an. »Sie müssen es ja wissen, Herr Doktor.«

Am nächsten Tag stand sie wieder vor der Tür, pünktlich um halb neun morgens. Dieses Mal war es ein fieser Migräneschub, der dringende ärztliche Konsultation erforderlich machte. Außerdem hatte Dackel Kuno gegen den Wohnzimmerschrank gepinkelt und Karl-Heinz sprach nicht mehr mit seinen Kegelkumpels, weil die ihn beim Mogeln erwischt hatten. Ich verschrieb ihr ein leichtes Kopfschmerzmittel und versicherte ihr mein Mitgefühl. Sie ging mit zufriedenem Lächeln.

Am kommenden Morgen saß sie wieder im Wartezimmer (Verdacht auf Bänderdehnung), am Tag darauf erneut (Schwere Verdauung). So ging es die ganze erste Woche. Ich behandelte Marieluise Ommenplänter nach bestem Wissen und Gewissen und wunderte mich.

Mein Praxisteam war amüsiert. Das legte sich erst, nachdem Marieluise Ommenplänter auch nach drei Monaten noch jeden Morgen mit erschreckender Zuverlässigkeit im Wartezimmer Platz nahm. Ihre Patientenakte hatte inzwischen den Umfang eines Telefonbuchs erreicht und enthielt alle möglichen Krankheitsbilder von A wie Asthma bis Z wie Zeckenbiss. Für den unbefangenen Beobachter schien sich Marieluise Ommenplänter allerdings bester Gesundheit zu erfreuen. Was ich von meinen Mitarbeiterinnen so nicht sagen konnte. So begann meine jüngste Arzthelferin schon zu wimmern, wenn die Ommenplänter nur in der Praxistür stand.

Es war das eingetreten, wovor mich altgediente Hausärzte bei einem guten Glas Rotwein eindringlich gewarnt hatten:

Morbus Ommenplänter, die Horrorpatientin schlechthin. Jene Menschen, für die der Arztbesuch fest zum Tagesablauf gehört, ganz gleich, ob er medizinisch notwendig ist oder nicht.

Natürlich ließ ich nichts unversucht. Ich drangsalierte die Ommenplänter mit fiesen Untersuchungen wie Blutentnahmen und Darmspiegelungen im Minutentakt. Ich überwies sie zu allen möglichen Fachärzten, was mich im Kollegenkreis viele Sympathien gekostet hat. Schließlich schickte ich sie auch ins Krankenhaus. Keine zwei Stunden später saß sie wieder in meinem Wartezimmer, nachdem die entnerv-ten Kollegen sie wieder zurückbeordert hatten.

Ich machte ohne Vorwarnung Urlaub. Sechs Wochen Nordsee, nur um die von Frau Ommenplänter arg strapazierten Energiereserven wieder etwas aufzuladen. Am ersten Tag hatte ich mein Badetuch noch nicht richtig ausgebreitet, da fiel schon ein mächtiger Schatten auf mich:

»Tach, Herr Doktor, wir sind jetzt doch nicht in den Taunus gefahren. Bei Ihnen ist es doch viel netter. Ach, ich glaube, ich habe da gestern was Verkehrtes gegessen. Soll ich mich schon mal frei machen?«

In meiner Not schwärmte ich von dem neuen Kollegen, der seine Praxis im Nachbardorf aufgemacht hatte und voll auf ganzheitliche Medizin setzte. Umsonst: »Ich habe mich so an sie gewöhnt, Herr Doktor.«

Nach dem Urlaub stand sie pünktlich und gut erholt wieder vor der Praxis, propper und bestens gelaunt.

Mit meiner Laune stand es allerdings nicht zum Besten. Die Ommenplänter hielt den ganzen Praxisbetrieb auf. Inzwischen hatte sie sich im Wartezimmer richtig häuslich eingerichtet, brachte ein Kissen für ihren Stuhl und eigene Illustrierte mit. Und stets waren da die Geschichten von Karl-Heinz, dem Versager, dem zähen Vierbeiner Kuno und der unseligen Tochter Gisela, für die ich angesichts dieser Mutter immer mehr Verständnis empfand.

Es häuften sich die Anfragen der Krankenkasse, die wissen wollte, weshalb ich Frau Ommenplänter nicht geheilt bekam. Nach einem halben Jahr rechnete ich die Patientengespräche mit ihr bereits nicht mehr mit der Kasse ab, weil mir die ewigen Nachfragen und die ausführlichen Schriftsätze noch zusätzlich Zeit raubten. Denn außer einer prächtig entwickelten Fettleber konnte ich bei der Ommenplänter nie etwas medizinisch Relevantes feststellen. Also ertappte ich mich dabei, dass ich ihr ein Magengeschwür, einen Gehirntumor oder eine Blasensenkung wünschte, etwas, was tatsächlich meine ärztliche Kunst fordern würde.

Und dann kam sie tatsächlich an zwei Tagen nicht in die Sprechstunde, so dass ich dachte, sie sei wirklich krank geworden. Vor lauter Freude machte ich die Praxis früher zu und köpfte mit meinen Arzthelferinnen zwei Flaschen Schampus. Doch dann war es lediglich eine unaufschiebbare Familienfeier, die die Ommenplänter vom Arztbesuch abgehalten hatte, wie sie mir am kommenden Tag mit viel Liebe zum Detail berichtete. Klein Gisela hatte sich verlobt. Mit einem Medizinstudenten. Durfte ich hoffen?

Aber nein! Nachbarn sahen die Ommenplänter sogar regelmäßig am Mittwochnachmittag um das Ärztehaus herumstreunen, immer dann, wenn die Praxis schon geschlossen hatte. Längst hatte ich mir angewöhnt, die Praxisräume nur noch über den Hintereingang und die Feuertreppe zu betreten. Schließlich musste ich mich vom Dach abseilen und über ein offenes Fenster in mein Behandlungszimmer gelangen, damit sie mich nicht schon an der Tür abfing.

Inzwischen hatte die Ommenplänter mehrere Patienten im Wartezimmer mit ihrem jahrzehntelang gesammelten medizinischen Fachwissen therapiert, so dass etliche bereits geheilt die Praxis verließen, ehe ich sie überhaupt im Behandlungszimmer zu Gesicht bekommen hatte.

Hin und wieder sprang sie allerdings auch ein, wenn die Sprechstundenhilfen überlastet waren. Dann suchte sie die Patientenakten heraus, machte Röntgenaufnahmen oder erstellte ein großes Blutbild. Vielseitig war sie schon, die Ommenplänter.

Aber meist saß sie bei mir im Behandlungszimmer, berichtete über ihre angeblichen Wehwehchen, fasste den Dorfklatsch zusammen und referierte die Gemüse- und Aufschnittpreise im örtlichen Einzelhandel. Und natürlich über Karl-Heinz. Und Kuno. Und Gisela, die Undankbare, jetzt unglücklich verlobt. Das alles jeden verdammten Tag.

Zu diesem Zeitpunkt hatte ich bereits angefangen, unkontrolliert zu zittern, so dass ich keine Spritzen mehr setzen konnte. Meine Frau hatte mich verlassen, weil ich nachts im Schlaf von Frau Ommenplänter sprach und dann schreiend aufwachte. Ich hatte aufgehört, mich zu rasieren und zu waschen, mein ehemals weißer Arztkittel sah inzwischen zum Fürchten aus. Erstaunlicherweise wurden auch die Patienten immer weniger. Als schließlich meine letzte Arzthelferin vergeblich versuchte, sich mit einer Überdosis Abführmittel das Leben zu nehmen, blieben da nur noch Marieluise Ommenplänter und ich. Und ich wusste, es musste etwas geschehen. Es gab nur einen Weg, um mich von diesem Dämon zu befreien. Ich schrie also: »Die Nächste, bitte!«

Dann stand sie vor mir, ein fast zwei Zentner schwerer Albtraum aus Fleisch, Blut und Anekdoten: »Ach Herr Doktor, gell, heute können wir in Ruhe schwätzen, ich habe da nämlich so ein, wie sagt man, Frauenproblem, ich mach mich schon mal frei, aber eins sage ich ihnen, also mein Karl-Heinz spinnt! Der will sich jetzt eine Tätowierung machen lassen, mit seinen 56. Da lachen doch die Leute!«

In diesem Moment kam es irgendwie über mich. Ich stürzte mich auf sie und wollte sie mit der Blutdruckmessmanschette strangulieren.

»Ist Ihnen nicht gut, Herr Doktor?«, hörte ich sie noch sagen. Dann verlor ich das Bewusstsein und bin erst nach drei Wochen im künstlichen Koma hier im Sanatorium wieder aufgewacht. Aber, wie gesagt, inzwischen geht es mir wieder gut.

Heute hat sich zum ersten Mal in den sechs Monaten, in denen ich hier eingewiesen bin, Besuch angesagt. »Eine reizende ältere Dame mit Kapotthütchen«, meinte der Pfleger. Und sie habe ihm auch gleich etwas gegen seine Kopfschmerzen empfohlen.

Der Hausarzt im Mittelalter

Und siehe, es begab sich zur dritten Sonne des fünften Monats im Jahre 844, da erfasste König Ottokar III., genannt *Der Korpulente*, eine große Pein. Gar fürchterlich blähten sich seine Eingeweide, auf dass es allen am königlichen Hofe angst und bange wurde.

Habe ich doch nur acht junge Sauen, die Ernte von drei halben Grünkohlfeldern und zwölf Fässchen geeisten Gerstensaft zu mir genommen, jammerte Ottokar, der nicht wusste, wie ihm geschah. Sein Bruder Alarich IV., genannt *Der Unbedeutende*, sorgte sich gar sehr, war doch schon ihr Vater ohne Vorwarnung nach einem reichlichen Mahl detoniert, so dass der halbe Herrscherpalast einstürzte. Und das bei den damaligen Baupreisen. Flugs wurde in allen Ecken des Reiches nach Magiern, Hexen, Schriftgelehrten und weisen Männern geschickt, die dem Fürsten beistehen sollten.

Einer von ihnen, Liquidus genannt, ließ zunächst anfragen, ob königliche Hoheit denn Kassenpatient sei oder als gewissermaßen Selbstständiger die Rechnung für den Medicus aus eigener Tasche begleiche. Daraufhin packten ihn die Häscher des Königs und hängten ihn auf, was der fürstlichen Buchhaltung in der Tat viel lästigen Papierkram ersparte. Das sprach sich bei den Doctores herum, die, ansonsten ein eitel und geschwätzig Völkchen, nun gar kleinlaut um das Krankenlager herumstanden.

Einer von ihnen, Fridoburg aus Bad Würgassen genannt, ließ zunächst einen schwarzen Hahn schlachten, was bei den anderen allgemeine Zustimmung fand. Einzig der Fürst jammerte weiter, als ob es sonst nichts zu tun gäbe. Man ließ ihn zur Ader, setzte die üblichen Blutegel, schlachtete einen weiteren schwarzen Hahn und röstete eine junge Katze, doch es änderte sich nichts. Zwölf greise Eremiten geißelten sich nackt vor dem Krankenlager und traten anschließend in Talkshows auf. Der Hilfszauberer Wotan beschwor mit seinen Gefährten die üblichen Dämonen und alle Anwesenden kriegten prompt fiesen Ausschlag.

Derweil grummelte es gewaltig in des Fürsten Eingeweide, so dass die Menschen im Reich schreiend aus ihren Häusern auf die Straßen liefen, glaubten sie doch, die Erde bebe und ihnen falle der Himmel auf den Kopf, – was ja alles schon mal vorgekommen sein soll.

In höchster Not riet die weise Äbtissin Melitta, so lange auf dem Bauch des Königs herumzuhüpfen, bis die giftigen Gase entwichen. So befahl Alarich zwölf einäugigen nubischen Sklaven, seinem Bruder auf dem Bauch herumzutrampeln, obwohl dieser doch nun arg stöhnte und schrie. Als das auch nach einem halben Tag nicht half, wurde Melitta kurzerhand geköpft, auf dass sie endlich Ruhe gab.

Der Astronom Lucindus stellte dem Kranken ein Horoskop. Dort stand, dass Ottokar wieder genesen und dicker und prächtiger als je zuvor sein werde. Außerdem werde er sein Heer erfolgreich in fünf bis sieben Kreuzzüge führen, 800 Kinder zeugen sowie die Currywurst und die TV-Fernbedienung erfinden. Alarich, den das alles arg verwirrte, schickte Lucindus daraufhin erst mal auf den Scheiterhaufen – vorsichtshalber.

Der buchkundige Aspargus tadelte, dass die Hexe Montana mit am Krankenlager weilte, wo doch das Weibszeug keine Ahnung von der edlen Kunst der Medizin habe. Montana zürnte ihm gewaltig und verwandelte Aspargus umgehend in eine Kröte, – was die meisten Anwesenden dann doch ein wenig übertrieben fanden.

Der große Druidus bat seine blutjunge Assistentin Titta, ihre milchweißen Brüste zu entblößen, auf dass es dem Fürsten eine Freude sei. Ein anderer riet, dem König einen jungen Lurch aufs Gemächt zu legen. Das helfe zwar nicht, fühle sich aber wohl an, wie er aus jahrelanger eigener Praxis wisse. Wieder ein anderer berichtete von einer neuen Wundermedizin, Aspirinus genannt, die allerdings wohl nur gegen Kopfschmerzen helfe.

Doch alle ärztliche Kunst half nicht, der Leib des Fürsten blähte sich immer mehr, bis er dann am dritten Tag genau wie sein Vater detonierte, so dass der Knall noch in allen Ecken des Reiches zu hören war. Und alle fingen ein großes Wehklagen an, denn dies war nun wirklich ein böses Omen.

Und fürwahr, keine 1200 Jahre später gab es die ersten Arztserien in Groschenromanen und dem Farbfernsehen und alle, die es erleben mussten, klagten und jammerten ohne Unterlass. Denn niemand, wirklich niemand, vermochte ihnen beizustehen in ihrer großen Not.

Ganzheitlich tot

Ach, hörense mir auf mit Medikamenten! Nicht mit mir! Wissen Sie überhaupt, was da alles drin ist? Pure Chemie. Und das soll gesund sein? Ich bitte Sie! Ich setze da lieber auf die Heilkraft der Natur. Und das hilft. Meistens.
Bei der Imke Bergsson und ihrer chronischen Blasenschwäche hat es jedenfalls geholfen, da können Sie jeden hier im Dorf fragen. Ich habe ihr empfohlen, zwölf Mal am Tag frischen Ziegendung zu erhitzen und dann die Dämpfe zu inhalieren. Ihre hartnäckige Blasenschwäche ist Imke jetzt los. Dafür hat sie jetzt schweres Asthma. Man kann halt nicht alles haben. Imke ist jedenfalls zufrieden. Sie meint, es sei viel angenehmer, ständig zu husten als ständig zu... naja, Sie wissen schon.
Oder dieser Notfall mit dem alten Lüdersen. Schlimme Sache. Schwere Magenblutungen, Herz-Kreislaufschwäche, Bewusstlosigkeit. Na, da habe ich erst mal in Ruhe einen schamanischen Tanz gemacht, um mein Heil-Chakra zu aktivieren, dann habe ich dem Lüdersen ein Büschel Wacholderblätter um den Bauchnabel gelegt und ihm dann erst mal einen tüchtigen Einlauf verpasst. Hilft eigentlich immer. Besonders der Einlauf. Muss ich dreimal am Tag haben, sonst fühle ich mich nicht fit.
Jedenfalls, zwei Stunden später war Lüdersen tot. Sehr bedauerlich. Aber auch sehr natürlich. Ehrlich, mich widert das an, wenn die moderne Medizin nur stur auf Resultate setzt. Man sollte den Patienten viel mehr ganzheitlich sehen.

Mit Medikamenten kurieren, das kann ja nun wirklich jeder.

Die verehrten Kollegen mit ihren gediegenen Kassenarztpraxen sind sich ja für die ganzheitliche Medizin zu fein. Mal eben eine junge Eidechse im Mörser zerstampfen oder kurz eine selbst gefangene Kröte in der Mikrowelle aufbacken, das ist schon nicht mehr drin. Und dann wundern sich die hoch geschätzten Doktoren, wenn die Patienten zu Naturärzten wie mir kommen. Patienten wie die Bürgermeisterwitwe Dönslappen, die mit ihren beiden Senkfüßen mitten im Leben stehen. Die Dönslappen hatte es ja auch noch so böse im Kreuz. Ihr habe ich gesagt, steh jede Nacht um halb drei auf und tanze nackt um den Löschwasserteich am Feuerwehrhaus. Das hat geholfen. Allerdings kann sie seitdem nachts nicht mehr durchschlafen. Das gilt erstaunlicherweise auch für die männlichen Dorfbewohner, die der Dönslappen einmal versehentlich beim nächtlichen Nacktanzen zugeguckt haben.

Mir geht es immer um die persönliche Hilfe für den Patienten. Heute haben wir zum Beispiel mit einem kleinen Gläschen Schaumwein den dreimonatigen Hodenhochstand von Büder Büdensen gefeiert. Der hat sich gefreut wie ein kleines Kind.

Irgendwie tun mir die Kollegen leid, die zu der ganzheitlichen Medizin keinen Draht haben. Vorbei sind die Zeiten, in denen immer mehr Allgemeinmediziner im besten Alter in den Vorruhestand wechseln mussten, weil sie sich auf dem Golfplatz irreparable Rückenschäden zugezogen haben.

Ich hingegen habe ein sicheres Einkommen, auch dank Patienten wie Frigga Heidersen. Jahrelang war sie mit ihren Wehwehchen von Arzt zu Arzt gewandert, ohne dass ihr jemand helfen konnte. Keiner meiner Kollegen konnte ihr sagen, an was für einer Krankheit sie leidet. Dann kam sie zu mir. Und ich wusste Rat: »Setz dich für zwei Stunden in die Sauna und gehe dann direkt nackt ins städtische Kühlhaus. Dann wartest du ab, was passiert.«

Gesagt, getan. Am nächsten Tag hatte die Heidersen eine kapitale Lungenentzündung. Das ist wenigstens eine Krankheit mit Hand und Fuß, mit der man sich auch mal sehen lassen kann. Dafür wird man nicht immer blöd angeguckt. Das würde Frigga heute wohl auch sagen, wenn sie diese verdammte Lungenentzündung überlebt hätte. Die vielen Einläufe haben bei ihr irgendwie nicht angeschlagen. Kann leider immer mal vorkommen.

So, jetzt ist es wieder so weit: Der Ziegendung für Imke Bergsson ist gar. Sie sitzt schon im Wartezimmer, ich höre es an ihrem Husten. Als sie noch diese hartnäckige Blasenschwäche hatte, hörte man immer nur so ein leises Tröpfeln. Da finde ich das Husten schon praktischer.

Meilensteine der Ohrentransplantation

Also, dass ich mal Medizingeschichte schreibe, das hätte ich mir nun wirklich nicht träumen lassen. Immerhin bin ich nur ein kleiner Landarzt, der kaum Erfahrung als Chirurg hatte. Aber als es darauf ankam, habe ich es einfach versucht. Und alles hatte mehr oder weniger zufällig mit einem tragischen Unfall begonnen.

Schon als junger Hausarzt galt für mich die Regel: Wenn ein Patient in die Sprechstunde kommt, wird er genäht. Das ist ja wohl das Mindeste, was man für die Patienten tun kann, egal ob sie nun an einer Schnittverletzung, Grippe, Usbekischem Schwarzfieber, Fettleber oder fliegender Hitze leiden.

»Zum Doktor Steinhäger musst du gehen, der näht immer«, haben die Leute im Dorf immer gesagt. Und deshalb hatte ich neben Stethoskop und Blutdruckmesser auch gleich Nadel und Faden mitgenommen, als ich damals zu einem dieser tragischen Unfälle gerufen wurde, die bei uns auf dem Land leider immer wieder vorkommen.

Eine unbewachte Ziege hatte dem aufgrund starker Trunkenheit im Tiefschlaf liegenden Landwirt Lammerkamp unbemerkt das rechte Ohr abgeknabbert. Und das sah nicht gut aus. Zugegeben, ich war zuerst ratlos, denn das Ohr war nicht mehr zu retten. Lammerkamp, bekennender Brillenträger und stellvertretender Notenwart im Kirchenchor, würde im Alltag erhebliche Probleme bekommen. Ein tatsächlich eher seltenes Problem.

In dieser Situation kam mir der Zufall zu Hilfe. Ich wusste, dass sich am gleichen Tag unserer Postbote Hinnerk Kutschera mit einem Viertelliter selbst gebranntem Rübenkorn fit für die tägliche Diensttour über die Dörfer gemacht hatte. Keine zwei Stunden später war er, lauthals friesische Heimatlieder singend, unter einen Mähdrescher geraten. Und wenn von Hinnerk Kutschera sonst nicht viel übrigblieb, seine Ohren waren unversehrt.

Da kam mir ein Gedanke, der so kühn und unvorstellbar schien, dass ich ihn kaum zu Ende denken wollte. Doch dann sah ich den in tiefer Trunkenheit schlafenden Lammerkamp, der noch nicht ahnte, welch schwerer Schicksalsschlag ihn getroffen hatte, und ich wusste, ich durfte nichts unversucht lassen. Also bat ich den nächsten Polizeiposten, mir so schnell wie möglich das noch frische Ohr unseres unter so tragischen Umständen verstorbenen Postboten zu bringen. Bei uns auf dem Land stellt man in so einer Situation nicht viele Fragen. Um das kostbare Transportgut kühl zu stellen, hatte man es zwischen zwei Fürst Pückler-Eisbomben gepackt.

Lammerkamp war immer noch so betrunken, dass sich eine Betäubung erübrigte. Ich operierte zwei Stunden mit vor Aufregung zitternden Händen. Dann war es vollbracht: Sven Udo Lammerkamp hatte wieder ein rechtes Ohr, wenn auch ein gebrauchtes. Aber was zählt das schon?

Als Lammerkamp vier Stunden später aufwachte, sah er mich nur mit großen Augen an und fragte: »Tach, Herr Doktor. Ich glaub, ich brauch jetzt einen Schnaps.« Ich machte unauffällig einige Tests mit ihm, tatsächlich war sein Hörvermögen fast noch besser als zuvor. Es hat acht Monate gedauert, ehe Lammerkamp überhaupt bemerkte, dass er ein anderes Ohr bekommen hatte. Darauf hat er dann erst einmal einen getrunken.

Damals stand dieser Artikel über die Operation im Gemeindeblättchen, der dann diese Lawine auslöste. Ich konnte mich vor Anfragen nach Ohrentransplantationen nicht mehr retten. Da war der Bahnhofsvorsteher, der das Ohr auf die Schienen gelegt hatte, um zu hören, ob der Zug schon kommt – und dann am Ende doch ziemlich überrascht war. Oder der Landmaschinenvertreter, der beim Haareschneiden wirklich sehr viel Pech gehabt hatte. Man hätte ihm vorher sagen sollen, dass unser Dorffriseur keine guten Augen mehr hat und auch schon tüchtig zittert. All diese Patienten hatten etwas gemeinsam: Sie wollten von mir neue Ohren.

So hatte ich die Gelegenheit, meine Technik zu verfeinern. Zunächst hatte ich die Ohren ganz konventionell angenäht, aber das befriedigte mich auf Dauer nicht. Ich experimentierte etwas und versuchte die Ohren anzukleben, was aber nicht wirklich überzeugte. So musste ich bei Brillenträgern die Sehhilfe immer gleich mit einbauen, um spätere Komplikationen zu vermeiden.

Heute habe ich mir angewöhnt, die Ohren einfach nur am Schläfenknochen festzutackern. Das ist schnell und unkompliziert gemacht, so dass eine gewöhnliche Transplantation in rund einer Viertelstunde abgewickelt ist.

Natürlich hat es auch peinliche Rückschläge gegeben. So sind mir ausgerechnet bei einer medizinischen Fachkonferenz die beiden frisch transplantierten Ohren eines Vorzeige-Patienten wieder abgefallen. Manchmal habe ich in der Hektik auch das linke mit dem rechten Ohr verwechselt. Das fand die Krankenkasse dann auch nicht so lustig. Aber das ist gottseidank die Ausnahme.

Wie in allen Bereichen der Transplantationsmedizin bevorzugen wir Spenderorgane von lebenden Personen. Nur sind die gerade für Ohren leider nur schwer zu finden.

Dabei können Ohren auch problemlos in der heimischen Tiefkühltruhe frisch gehalten werden. Für die Operation müssen sie dann nur im warmen Wasser aufgetaut werden. Die Plakataktion »Gebt Ohren!« hat in unserem Landkreis ja leider auch nicht den erwünschten Erfolg gebracht. Immerhin kann man sich das Hörorgan inzwischen auch im Organspendeausweis eintragen lassen, was im Ernstfall für alle Beteiligte natürlich sehr praktisch ist.

Bei Herz- oder Leber-Übertragungen ist es ja mehr oder weniger egal, wie das Spenderorgan aussieht. Ohrentransplantationen sind da schon ästhetisch heikel. Wer verpasst schon gerne einer zierlichen 19-Jährigen den monströsen Lauschlappen eines Endvierzigers, wenn es sich irgendwie vermeiden lässt?

Mittlerweile beherrsche ich Ohrentransplantationen freihändig. Es geht mir gewissermaßen leicht von der Hand. Reich wird man dabei allerdings nicht, denn die Krankenkassen zahlen nur so viel wie bei einer Blinddarmentfernung. Deshalb mache ich auch gelegentlich Operationen für Privatpatienten. So hatte ich unlängst die Ohren eines Großvaters auf den frisch geborenen Enkel transplantiert, weil die Familie wollte, dass die Ohren von Generation zu Generation weitergegeben werden. Das muss man als Arzt natürlich respektieren. Finde ich.

Erinnerung an einen Landarzt

Liebe Trauergemeinde,
wir haben uns heute hier versammelt, um Abschied von unserem geschätzten Dorfarzt Doktor Wilhelm Geestekamp zu nehmen. Über sechzig Jahre lang hat Doktor Geestekamp die großen und kleinen Wehwehchen in unserem Dorf behandelt. Voller Dankbarkeit blicken wir auf ein Leben im Dienst der Medizin und der Dorfgemeinschaft zurück.

Eine imposante Lebensleistung, die uns einiges lehren kann. Zum Beispiel, dass jemand, der in jungen Jahren in der kaschubischen Provinz Medizin studiert, durchaus ein fähiger Arzt werden kann, – auch wenn er eigentlich nur wie sein Vater Gurkenzüchter werden wollte. Aber es waren nicht nur die fachlichen Fähigkeiten, die unseren Doktor Geestekamp zu einem ganz besonderen Mediziner gemacht haben.

Ich erinnere mich besonders gerne an seinen Sinn für Humor. Einmal hatte er spaßeshalber einen Totenschein vorsorglich auf meinen Namen ausgestellt. »Wer weiß, vielleicht wirst du den schon bald brauchen können«, meinte unser Doktor mit seinem unverwechselbaren, verschmitzten Lächeln. Daran denke ich heute noch gerne zurück, wenn ich nachts aus grässlichen Albträumen hochschrecke.

Unvergessen bleibt auch, wie er Schwerkranke mit einem herzlichen »Ja, jetzt geht es ab in die Kiste« zu trösten wusste. Für ihn hörte die Sorge für den Patienten eben nicht mit dem Ausstellen der Todesbescheinigung auf. Er hat sich kaum eine Beisetzung entgehen lassen, besonders, wenn die Hinterbliebenen anschließend noch zu einem kleinen Umtrunk einluden.

Ich erinnere mich auch noch gut an die Zeit, als die Geburtenzahlen hier im Dorf dramatisch zurückgegangen waren. Damals hat er es sich nicht nehmen lassen, mit ausgedehnten Hausbesuchen bei vielen unglücklichen Ehefrauen und einsamen Witwen seinen Teil dazu beizutragen, dass es bald wieder genug Nachkommen gab.

Vergessen wir auch nicht seine beachtlichen Erfolge in der Forschung. Er war es, der den doppelt gebrannten, 48-prozentigen Wacholderschnaps als vielseitiges Schmerz- und Betäubungsmittel in die moderne Medizin einführte.

Bedenken wir in der Stunde des Abschieds auch die bösen Gerüchte, die einst einen dunklen Schatten auf das segensreiche Wirken unseres Doktors geworfen haben. Es waren wohl die unvermeidlichen Neider, die behaupteten, dass Geestekamp gar kein studierter Mediziner sei, sondern allenfalls Hilfsmelker aus dem Vorpommerschen. Ja, er soll sein gesamtes medizinisches Wissen gar aus billigen Arztromanen bezogen haben, die er einer gutgläubigen Kioskbesitzerin abgeschwatzt hatte. Jeder, der Doktor Geestekamp einmal erleben durfte, wusste, wie … äh, absurd, nich, diese Gerüchte sein mussten … oder konnten.

Gedenken wir lieber der enormen Vielseitigkeit unseres Doktors. Einmal behandelte er auf meinen Hof die Euterentzündung meiner Milchkuh Walburga und direkt danach meine Schwiegermutter. Kurz darauf mussten wir beide notschlachten. Er hat uns eben auf seine ganz eigene Weise gelehrt, sich in das Unvermeidbare zu fügen.

Doktor Geestekamp hatte für jeden von uns ein offenes Ohr. Als sich unser damaliger Bürgermeister unglücklich in seinen prächtigsten Zuchtbullen Horst-Rüdiger verliebt hatte, konnte er sich auf die absolute Verschwiegenheit unseres Arztes verlassen. Dieses süße Geheimnis hatte der Doktor Geestekamp allenfalls beim abendlichen Stammtisch in der Dorfschenke zum Besten gegeben.

Vergessen wir auch nicht sein Standardwerk: *Das einfache Kartoffelmesser und seine Anwendbarkeit im chirurgischen Alltag*. Einer breiteren Öffentlichkeit ist er nicht zuletzt durch sein Buch *Meine zweihundert liebsten Kräuterschnäpse* bekannt geworden; ein Werk, das ihn nun überleben wird – und das wir ihm heute vorsichtshalber mit in den Sarg geben.

Wilhelm Geestekamps tragisches Ende in der Güllegrube, in der er nach dem allwöchentlichen Stammtischbesuch ertrunken ist, mag uns Mahnung sein. In diesem Sinne.

Der Gallenstein und seine gesellschaftliche Bedeutung

Liebe Kolleginnen und Kollegen, werte Eminenzen, hochgeschätzte Doktores,
machen wir uns nichts vor! Der gemeine Gallenstein ist der natürliche Feind eines jeden Mediziners. Eine Erkrankung, die in horrender Stückzahl auftritt, nur in den seltensten Fällen lebensbedrohlich verläuft, aber dennoch ausgesprochen schmerzhaft ist. Die Behandlungsmethode ist seit Jahrzehnten bekannt. Also nicht einmal ein Krankheitsbild, mit dem man sich als ambitionierter Chirurg noch einen Namen machen könnte.

So weit, so ärgerlich. Wir kennen doch alle das Szenario, gegen das – unter uns gesagt – noch nicht mal wir Kollegen gefeit sind: Einmal Wildschweinbraten im Schinkenmantel, dazu guter Burgunder, oder eine leckere Mastgans, zuvor vielleicht Fettuccine in Speckbrühe und – hoppla, schon rumpelt es im Gallengang. Anstatt dass die Patienten dann in ihren eigenen vier Wänden bleiben und dort still vor sich hin leiden, strömen sie in Scharen in unser Krankenhaus und machen nichts als Arbeit!

Wir alle wissen doch aus eigener leidvoller Erfahrung, wie unerfreulich sich die angesichts massiver Gallenkoliken schreienden Patienten auf das Klima einer Krankenstation auswirken. Und es hilft beileibe nicht immer, den laut Jammernden ein Kopfkissen so lange auf das Gesicht zu drücken, bis sie still sind, – zumal wir für diese personalintensive Maßnahme in Zeiten des Pflegenotstands viel zu wenig

Schwestern und Pfleger haben. Von dem lästigen Papierkram im Anschluss ganz zu schweigen.

Schließlich haben wir hier doch genug zu tun. Seitdem wir bei den Operationen auf die Hälfte der Narkosemittel verzichten, reicht das eingesparte Geld immerhin für den regelmäßigen Umtrunk des Klinikpersonals. Etwas Geselligkeit muss schließlich sein im harten Krankenhausalltag. Wirklich schade, dass meine Initiative, Patienten vor der Operation mit dem Narkosegewehr zu betäuben, nicht wirklich erfolgreich verlaufen ist. Dabei liebe ich den Moment, wenn die Schmerzensschreie der Patienten in ein leises Wimmern übergehen.

In den letzten Monaten haben wir dennoch viel erreicht. Seitdem die Patienten bei längeren Krankenhausaufenthalten selbst für ihre Verpflegung sorgen müssen, haben die Klagen über die Krankenhauskost messbar nachgelassen. Wir haben eigens in einem nicht mehr benötigten Operationssaal eine Hähnchenbraterei eingerichtet, so dass wir auch das überschüssige Operationsbesteck sinnvoll weiterverwenden können.

Wenn die Patienten ihre Platzwunden selbst nähen oder Familienangehörige einfache Brüche eingipsen, stellen wir lediglich die reinen Materialkosten in Rechnung. Es kann also niemand sagen, dass wir uns der Kostenexplosion im Gesundheitswesen nicht entschlossen ent-gegenstemmen.

Auch haben wir konsequent dem überzogenen Reinlichkeitswahn im Medizinbetrieb den Kampf angesagt. Anstatt Skalpelle und Klammern nach Operationen aufwändig und teuer zu sterilisieren, wischen wir sie nun sorgfältig mit Küchenpapier ab. Seit dieser Maßnahme erhalten wir auch bei den örtlichen Bestattungsunternehmen Mengenrabatt.

Und selbst die mit Blut, Eiter und Gehirnmasse beschmutzten Operationskittel unserer Notfall-Teams werden inzwischen sinn- und stilvoll weiter vermarktet. Sie werden im Internet als *Medical Art* unter Kunstliebhabern versteigert, da es sich um garantierte Einzelstücke handelt.

Ja, es hat auch Rückschläge gegeben. Der Patient auf Zimmer 406 will immer noch seine Milz zurückhaben, die ihm im Rahmen einer Aktionswoche entfernt wurde. Aber schließlich müssen die Assistenzärzte ja auch was zum Üben haben. Bei einem anderen Patienten ist anstelle des vereinbarten Magengeschwürs der Meniskus an beiden Knien ausgetauscht worden. Da war die Handschrift des Hausarztes auf der Überweisung aber auch wirklich sehr schlecht zu lesen gewesen.

Und denken wir in dieser Runde auch ruhig an den dringend erforderlichen Neuanstrich der Notaufnahme. So ein offener Riss der Schlagader kann auch innenarchitektonisch eine interessante Herausforderung sein, wenn diese verdammten Blutflecke einfach nicht wegzukriegen sind.

Können wir das alles schaffen und letztendlich am Gallenstein scheitern? Nein, sage ich! Ich habe angefangen, mit meinen Patienten ihre Krankheit künstlerisch aufzuarbeiten, zum Beispiel in Gedichten wie »Gallenstein, mein Gallenstein! / Was bist du doch zu mir gemein! / Würd' so gerne Freund dir sein, / lieber kleiner Gallenstein!« Das hilft zwar kein bisschen, aber die Patienten sind abgelenkt. Eine weitere Möglichkeit ist, den Operationstermin so lange hinauszuschieben, bis der Patient schließlich an Altersschwäche stirbt.

Und wenn das alles nichts hilft, empfehle ich die wirtschaftlich sinnvolle Gallenstein-Ketten-OP. Also ruhig mal acht bis zehn Gallenstein-Patienten gleichzeitig abwickeln. Es ist technisch ohnehin derselbe Eingriff und man braucht dann nur ein Operationsbesteck. Und sollten die Patienten überleben, können sie die entfernten Gallensteine in billiges

Silberimitat fassen lassen und dem nun von allen Schmerzen befreiten Patienten als individuellen Modeschmuck anbieten – ein wahrhaft persönliches und unverwechselbares Stück. Und wir kriegen wieder etwas Geld für unseren Umtrunk in die Kasse. In diesem Sinne, Prost!

Der Busengott

Doktor Stanislaus Kolbenhoff litt. Immer noch suchte er händeringend einen vernünftigen und qualifizierten Tennislehrer. Doch selbst Deutschlands bekanntester Schönheitschirurg erlebte auf dem edlen Grün des Tenniscourts schmerzlich seine Grenzen. Viel mehr als die Entspannung auf dem Sportplatz blieb Kolbenhoff nicht, sonst kam er kaum mehr aus dem Operationssaal heraus. Gestern war zum Beispiel Busentag im OP. Große, kleine, junge, verschrumpelte, zu üppige oder kaum sichtbare Dinger kamen im Minutentakt unter Kolbenhoffs flinkes Messer. Machen konnte er immer etwas. Man nannte ihn schließlich nicht zu Unrecht den »Busengott«. In einer Schicht hatte er so 42 Busen aufgepeppt. Eigentlich muss man die Zahl ja sogar doppelt nehmen.

»Schalten Sie zu einer beliebigen Tageszeit den Fernseher ein«, sagte Kolbenhoff immer: »An achtzig Prozent der Frauen, die dort zu sehen sind, habe ich schon mal Hand angelegt.«

Den Rest schaffte er auch noch. Alles nur eine Frage der Zeit. Auch wenn es ihn inzwischen etwas langweilte. Letztendlich war es doch immer dasselbe: Die Nase richten, verkleinern oder versetzen, mit der Flex Grübchen ins Kinn einfräsen, die Wangenknochen krümmen, Fett aus der Bauchdecke absaugen, den Po filetieren, die Oberschenkel erst brechen und dann strecken. Und dann natürlich immer wieder der Busen. Hauptsächlich vergrößern…

Dafür hatte Kolbenhoff eigens ein standardisiertes Verfahren entwickelt. Das Modell *Weserbergland* steht für die eher moderate Brustvergrößerung, das Modell *Voralpen* für die etwas üppigere Variante und schließlich die Brustvergrößerung *Himalaya*, wenn wirklich tüchtig nachgelegt werden soll.

Diese Eingriffe machte Kolbenhoff natürlich nicht mehr selbst. Dafür hatte er seine Assistenten, die er in einer kleinen Kaserne auf dem Klinikgelände hielt. Es waren zugegeben nicht mehr allzu viele Ärzte darunter. Manche dieser Helfer waren vorher Automechaniker oder Konditoren gewesen. Merkt ohnehin kein Mensch, dachte sich Kolbenhoff. Gerade Brustvergrößerungen gehen mit einer gewissen Übung recht flott. Das ist dann wie Brötchen schmieren.

Kolbenhoff übernahm nur noch die schweren und deshalb besonders lukrativen Fälle. Wie die amerikanische Popsängerin, der er vier Rippen amputierte, damit die ersehnte Wespentaille endlich gelang. Sein Meisterstück gelang Kolbenhoff bei der holländischen Jungaktrice Meisje van den Blond. Ihr verpasste er eine Oberweite von 2,10 Meter, die dennoch fast natürlich aussah. Unter der Haut eingepflanzte Titanträger erhöhten den Tragekomfort für die aparte Blondine ungemein. Und mit einem raffiniert ins Dekolleté eingearbeiteten Spiegel konnte sie sogar sehen, was sich unter ihrem Vorbau abspielte. In einigen Kleinstädten mussten für Meisje die Bauvorschriften geändert werden, bevor die Mimin sie besuchen durfte. Wirklich schade, dass Meisje nach einer grandiosen dreijährigen Karriere nachts unerwartet von ihrem Busen erstickt wurde. Ursache war wohl Materialermüdung der Titanträger.

Früher war es Frauen peinlich, wenn sie auf ihre Brustvergrößerungen angesprochen wurden. Das ist gottseidank vorbei, freute sich Kolbenhoff. Inzwischen gab es schon Patientinnen, die ihn baten, seine Arbeiten mit einem ins Dekolleté eingelassenen Schriftzug zu signieren. Das kam besonders bei den internationalen Kunden gut an, für die das Markenzeichen *Tits made by Kolbenhoff* gleichrangig neben der Rolex und dem italienischen Sportwagen stand.

Die Namen seiner Patientinnen nannte Kolbenhoff ansonsten grundsätzlich nicht. Schließlich gilt die ärztliche Schweigepflicht bei Schönheitsoperationen ganz besonders. Er behandelte ja auch Kassenpatienten. Ungern zwar, aber es kam vor. Erst letzte Woche hatte er einem weitläufigen Mitglied des britischen Königshauses das Ohrläppchen festgedübelt. Platz 233 der Thronfolge. Musste man da noch mehr sagen?

Tief in seinem Innersten wollte Stanislaus Kolbenhoff nie mehr auf den Moment verzichten, in dem das Skalpell wie durch Butter durch die zentimeterdicke Fettschicht einer ausgeleierten Bauchdecke fährt. Oder wenn die fahle, eingefallene Haut der Wangen unsichtbar hinter dem Haaransatz an das Schädeldach getackert wird.

Inzwischen nahm Kolbenhoff zu Cocktail-Empfängen, Ausstellungseröffnungen und Theaterpremieren gerne sein ambulantes Chirurgen-Set mit. Dazu gehörte auch die handliche Halbliterflasche Äther, stilvoll in der gebürsteten Edelstahl-Hülle für die schnelle Narkose zwischendurch. Ebenfalls dabei: Ein Aggregat, um auch großflächige Cellulite wegzudampfen, nicht ganz schmerzfrei, zugegeben, aber hochwirksam. Wer keine Narkose vertrug, musste halt während des Eingriffs in ein kleines Teakholzstäbchen beißen. Das Wegwerf-Skalpell hygienisch eingeschweißt, die Tupfer schon vorbereitet im handlichen Ökosäckchen. Schwangerschaftsstreifen wurden gleich vor Ort im Opernfoyer ausgedellt, Krähenfüße an den Augen weggepuhlt. Ebenfalls unerlässlich: Das kleine mobile Computerterminal, um die Kreditkarten der Patientinnen noch während des laufenden Eingriffs abrechnen zu können.

Das Meisterstück gelang Stanislaus Kolbenhoff durch eine bislang in der kosmetischen Chirurgie noch nie dagewesene Kooperation mit *Günnis Frittenbude*. Dabei war der Plan so genial wie einfach: In Kolbenhoffs Schönheitsklinik *Aphrodite* wurden in der Woche von wohlhabenden Fabrikantenehefrauen rund 800 Liter flüssiges Fett aus Bauchdecke, Po oder Oberschenkel abgesaugt, das irgendwie entsorgt werden musste. Unmittelbar neben der Klinik betrieb Günni Szymanski seine gerade bei Taxifahrern und Briefzustellern ungemein beliebte Würstchenbude. Und Günni brauchte immer flüssiges Fett, um seine Pommes zu fritieren. Beste Voraussetzungen, um die in ihren jeweiligen Branchen ungemein erfolgreichen Unternehmer zusammen zu bringen. Und man glaubt es kaum, aber nach diesem »Joint Venture« gelten die Pommes beim Günni als unübertroffen knusprig.

Bekenntnisse eines Kinderarztes

Aber natürlich liebe ich Kinder. Gut, vielleicht nicht mehr ganz so stark wie damals, als ich noch nicht Oberarzt auf der Kinderstation war. Andererseits: Gibt es für einen engagierten, überzeugten Mediziner etwas schöneres, als kranke Kinder zu heilen? Nur schade, dass meist auch die Eltern irgendwie mit drinhängen. Gestern waren wieder zwei bei mir in der Sprechstunde. Er Germanistikprofessor, sie Lehrerin für Deutsch und Musik. Beide waren etwas besorgt, weil sich ihr dreijähriger Sohn Tassilo hartnäckig weigerte, Goethes *Zauberlehrling* auswendig zu lernen und das Gedicht anschließend ins Altgriechische zu übersetzen. Diese Sorgen muss man als behandelnder Arzt natürlich ernst nehmen. Jetzt befürchten sie einen Hirnschaden bei ihrem Stammhalter. Die Diagnose würde ich auch stellen, vielleicht nicht unbedingt für das Kind.

Dann gibt es auch die Eltern, die vehement eine Vollnarkose für ihren Nachwuchs fordern, weil die lieben Kleinen ansonsten den Piekser bei der Blutabnahme nicht aushalten. Na, da haben wir hier doch ganz andere Kaliber auf der Station.

Kinder wie den siebenjährigen Frederic. Heute Morgen hat er einer Schwester eine Spritze in den Arm gejagt. Da musste ich doch mal ein ernstes Wort mit unserem Patienten sprechen.

»Junger Mann«, sagte ich, »so etwas macht man aber nicht!« Schon hatte er mir mit einem gezielten Fußtritt zwei

Schneidezähne entfernt. Gut, die mussten wahrscheinlich sowieso raus. Gottseidank konnten mich vier meiner Assistenzärzte aus dem Krankenzimmer ziehen. Klein-Frederic hatte sich schon in meinen Unterschenkel verbissen.

Kurz darauf beobachtete ich Frederic, wie er auf dem Krankenhausparkplatz mehrere Autos aufbrechen wollte. Da habe ich mal nichts gesagt.

Aber so ein agiler Kleiner hat auch seine Vorzüge. Dank Frederic haben wir begonnen, schon Patienten im Krabbelalter nach Hieb- und Stichwaffen zu durchsuchen. Als er aber anfing, von unseren Pflegern Schutzgeld zu kassieren, mussten wir leider doch die Krankenkasse einschalten.

Es gibt natürlich auch sehr nette Episoden – dann, wenn Kinder, diese reinen, unschuldigen Wesen, ihrem natürlichen Spieltrieb freien Lauf lassen können. Ich erinnere mich da noch gerne an den kleinen Vassili, der die Bilder vom FKK-Urlaub unserer Oberschwester Ursula über den Krankenhauscomputer ins Internet stellte. Nicht schlecht für einen Achtjährigen. Immerhin hat er erst das Schließfach mit den persönlichen Unterlagen unserer Kollegin aufbrechen müssen, um überhaupt an die Fotos heranzukommen. Vassilis Eltern waren auch zu Recht sehr stolz. Wenn Sie mich fragen: Ich finde, Schwester Ursula hätte schon vor dieser Episode die Hilfe eines Psychotherapeuten in Anspruch nehmen sollen.

Noch gut erinnere ich mich an die vierjährige Friedeborg, die meinen fabrikneuen, weißen italienischen Sportwagen mit Hilfe einer violetten Spraydose verziert hat. Mit dieser Überraschung wollte sie zeigen, wie dankbar sie mir ist. Da konnte ich ein paar Tränen nicht unterdrücken. Und was haben wir gelacht, als die kleine Paula ganz spontan den Feueralarm auslöste und wir innerhalb von fünf Minuten das komplette Krankenhaus evakuieren mussten.

Kinder, sie geben uns so viel. Gut, mich nervt es schon etwas, wenn es bei der Visite in den Zimmern der Drei- bis Fünfjährigen penetrant nach kaltem Zigarettenrauch und billigem Schnaps riecht. Besonders, wenn einem die hinterlistigen Gören nichts von dem Zeug abgeben wollen.

Zugegeben, auch ich habe mal mit dem Gedanken ans Aufgeben gespielt. Einen Vormittag habe ich mir das Kontrastprogramm gegönnt, die Pflegestation unserer hochbetagten Patienten. Als mir eine rüstige 96-Jährige einen »Knackarsch« attestierte und ihre Zimmergenossinnen im Alter von 88 bis 104 im Chor und ohne Gebiss »Ausziehen, Ausziehen!« riefen, bin ich rasch zu meinen lieben Kleinen zurückgekehrt.

Ärzte und Pfleger, die schon länger auf der Kinderstation arbeiten, zeigen immer gern die Narben, die sie bei der täglichen Arbeit davongetragen haben. Man wird halt schon ein bisschen sentimental. Und an den Blessuren sind nun beileibe nicht immer nur die Kinder schuld.

Ich erinnere mich da an den kleinen Rambo Kowalski, der sich beim Versuch, einen gestohlenen Lkw kurzzuschließen, wirklich fies weh getan hat. Dem Siebenjährigen hatte partout unser Krankenhaus-Essen nicht geschmeckt. Daraufhin hatte sich sein Vater bei mir beschwert. Natürlich sein gutes Recht, zumal ich bis dahin keine Ahnung hatte, dass der Mann Europameister im Halbschwergewicht ist. Man glaubt gar nicht, wie schnell so ein Unterkiefer bricht. Aber das ist dann der Vorteil, wenn man im Krankenhaus arbeitet. Hier werden Blessuren rasch auf dem kleinen Dienstweg aus der Welt geschafft. Wenn da überhaupt noch was zu machen ist. In den Monaten nach dem Kieferbruch, als ich nur flüssige Nahrung zu mir nehmen konnte, habe ich immerhin etliche Pfunde abgenommen. Auf die sanfte Tour sozusagen. Das ist ohnehin am gesündesten.

Endlich 18!
Stories zur Volljährigkeit

Heim, süßes Heim

Man kann nicht sagen, dass meine Eltern keinen Sinn für Symbolik hätten. Zu meinem 18. Geburtstag schenkten sie mir drei Dinge, die für mein späteres Leben Bedeutung haben sollten: Das Buch *Deine Waschmaschine, das unbekannte Wesen*, ein Nähset und den Ratgeber *Überleben in der Großstadt für Anfänger und Fortgeschrittene*.

Ich war gerührt. Wahrscheinlich ist es ganz normal, dass Eltern etwas sentimental werden, wenn ihre Kinder erwachsen werden. Für meine Mutter galt das auf jeden Fall, denn als sie meine Geburtstagstorte anschnitt, sagte sie: »Ich weiß noch, als ich mit dir schwanger war, war mir in den ersten zwei Monaten andauernd übel. Und später die zwanzig Stunden im Kreißsaal; also, ich hätte deinen Vater umbringen können.«

Der so Gewürdigte lächelte etwas gequält, was man sich in fast zwanzig Jahren Ehe wohl ganz automatisch angewöhnt: »Nun, wie dem auch sei, nicht nur für dich beginnt jetzt ein neuer Lebensabschnitt. Unser Ältester wird flügge und niemand soll sagen können, wir wollten dich ans elterliche Nest fesseln.«

Hoppla, ich witterte Gefahr!

Offen gestanden gehörte ich nicht zu den Jugendlichen, die es mit gerade absolvierter Volljährigkeit in obskure Wohngemeinschaften zog, wo freie Liebe und ein allgemein verbindlicher Putzplan an der Tagesordnung waren. Im Gegenteil, ich fühlte mich in meinem Elternhaus ausgesprochen wohl – was mir, ich darf es vorwegnehmen, schließlich auch zum Verhängnis werden sollte.

Wie sehr das Idyll meiner Kindertage bedroht war, sollte mein Vater ausgerechnet am Abend meiner Volljährigkeit beiläufig verraten: »Naja, jedenfalls dachte ich, wenn du ja jetzt auszieht, dann könnte ich in dein altes Zimmer einen Billardtisch und einen Flipper reinstellen, weißt du, nur für mich und die Jungs vom Kleingartenverein.« Er bemerkte meinen erschrockenen Blick und fügte sofort hinzu: »Du kannst natürlich jederzeit mitspielen, wenn du willst.«

Meine Mutter zog missmutig die Augenbrauen hoch: »Ich dachte, wir hätten uns darauf geeinigt, dass ich mir in Daniels Zimmer einen Gymnastik- und Handarbeitsraum einrichte? Und irgendwo muss ich ja auch meine schamanischen Selbstfindungs-Übungen machen. Wenn ich mich dafür in den Botanischen Garten zurückziehe, gucken dort die Spaziergänger immer so komisch.«

Mein Vater blieb unbekümmert. »Wie auch immer, jetzt stoßen wir erst mal zusammen an und nachher packen wir deine Koffer.«

Das ging mir dann doch ein Schüppchen zu schnell.

»Ihr scheint euch ja ganz sicher zu sein, dass ich mir eine eigene Wohnung suche«, fragte ich vorsichtig.

»Sei nicht ungerecht. Wenn es nach deiner Mutter gegangen wäre, hättest du schon als Sechsjähriger ausziehen müssen«, erwiderte mein Vater beleidigt.

Mama schüttelte sanft den Kopf: »Es muss ja nicht direkt eine eigene Wohnung sein, wenn du das nicht willst. Das kostet ja auch Geld.« Ich war erleichtert. Jedenfalls bis meine Mutter fortfuhr: »Für den Übergang kannst du auch unter einer Brücke schlafen. Schließlich ist ja Sommer und du würdest auf die-se Weise schnell ein paar interessante Leute kennen lernen. Das würde dir bestimmt guttun.«

Das war deutlich. Ich musste mir etwas einfallen lassen. Gabi würde zu mir halten, da war ich mir ganz sicher. Schließlich war sie meine Schwester und nur etwas mehr als ein Jahr jünger wie ich. Wenn ich so schmählich rausgeschmissen würde, wäre sie die nächste. Für ihr Zimmer an der Südseite würden meine Eltern gewiss auch rasch eine neue Verwendung finden.

Natürlich dachte Gabi keineswegs daran, mir beizustehen – was ich mir auch hätte denken können. Jedenfalls zog sie einen Flunsch und meinte: »Ach Daniel, ich finde es eigentlich gar keine schlechte Idee, wenn du jetzt auszieht. Dann könnte ich dein Zimmer übernehmen und mit Yogi zusammenziehen, wenn er wieder aus dem Gefängnis kommt – falls er tatsächlich noch Bewährung bekommt.« Yogi war Gabis Freund, ein Philosophiestudent im 28. Semester. Als solcher hielt er eine zu starke Bindung an materielle Dinge für ein Kennzeichen von schwachen Charakteren. Mit anderen Worten: Er war ständig pleite. Um dies zu ändern, hatte er sich auf Banküberfälle verlegt. Bei seinem ersten Überfall kettete er sein Fahrrad aus Angst vor Kriminellen vor der Bank an. Er war noch mit dem Öffnen des Fahrradschlosses beschäftigt, als ihn die Polizei festnahm.

Und dieser mentale Schwachstrom-Elektriker sollte mein Zimmer bekommen, noch dazu als Liebesnest meiner nichtsnutzigen Schwester? Nein, nein und nochmals nein!

Ich räusperte mich, setzte mich gerade auf und verkündete: »Mama, Papa, liebe Gabi! Es wird euch freuen, dass ich trotz meiner nun erfolgreich absolvierten Volljährigkeit auch weiterhin gemeinsam mit euch unter einem Dach wohnen werde.«

Mutters Gesichtszüge entgleisten, Papa rang sich ein verzweifeltes »Aber das kannst du uns doch nicht antun!« ab. Gabi weinte einfach nur – was sie meisterhaft beherrschte.

Was folgte, waren einige Tage subtiler Gehirnwäsche. So erinnerte mich mein Vater regelmäßig daran, dass auch er mit 18 von zuhause ausgezogen war. Damals folgte er dem Ruf zur Landesverteidigung, mit anderen Worten: Wehrdienst. Oh ja, diese Geschichte kannte ich.

Als junger Mann hatte sich mein Vater tatsächlich für etliche Jahre als Zeitsoldat verpflichtet. »Für mich war es die beste Gelegenheit, etwas von der Welt zu sehen«, erzählt er noch heute. Tatsächlich hatte er während seiner ganzen Dienstzeit Wache am Hintereingang der örtlichen Kaserne geschoben. Es wirkt auf Offiziere offenbar nicht besonders vertrauenerweckend, wenn junge Rekruten am zweiten Tag ihres Wehrdienstes ihr Gewehr in der einzigen Kneipe der Garnisonsstadt vergessen. Dieses Missgeschick war bedauerlicherweise meinem Vater passiert.

Fairerweise sollte ich gestehen, dass ich davon profitiert habe. Als bei der Musterung mein Name vorgelesen wurde, fragte mich der anwesende Unteroffizier entgeistert, ob ich mit dem Typen verwandt sei, der damals sein Gewehr in der Kneipe vergessen hatte. Als ich das bejahte, wurde ich umgehend als komplett untauglich nach Hause geschickt.

Auch meine Mutter gab sich redlich Mühe. Sie kochte meinen Lieblingspudding und erwähnte beiläufig, dass auch sie kurz nach ihrer Volljährigkeit von zuhause ausgezogen sei.

»Ja, weil ihr damals die Zwangsräumung bekommen habt«, erwiderte ich.

»Na und? Das ist kein Argument«, fand meine Mutter. Ihr Vater, also mein Opa, hatte das gesamte bescheidene Familienvermögen in eine Firma investiert, die Kontakte zu Außerirdischen herstellen wollte. Darauf warten wir heute noch, obwohl ich den Verdacht habe, dass einige entfernte Familienangehörige bereits diese ersehnten Außerirdischen sind. Ich denke da besonders an Tante Gertrud oder Cousin Michael, genannt *Triefauge*.

Der vernünftigste Kompromissvorschlag kam tatsächlich von Gabi: Sie schlug vor, ich sollte zu Opa in sein Zimmer im Seniorenzentrum ziehen: »Zum einen siehst du doch für einen 18-Jährigen schon ziemlich fertig aus. Und überleg mal, all die gutaussehenden Altenpflegerinnen…«

Ja, das war schon fast ein Argument. Dennoch, ich lehnte dankend ab.

Es kann niemand behaupten, wir hätten uns nicht um eine sachliche Lösung des Problems bemüht. Meine Eltern wählten in der Folge subtile Signale, um mir zu zeigen, dass ich in ihrem Haushalt nicht mehr wirklich erwünscht war. So tauschten sie die Türschlösser aus. Als ob ich noch nie die Regenrinne hinaufgeklettert wäre.

Zwei Wochen später hatten sich die Fronten dann doch ein wenig verhärtet. Meine Eltern haben mein Zimmer von der Wasserversorgung abgesperrt. Das machte aber nichts. Die Bedeutung von regelmäßigem Duschen wird überschätzt. Beim Versuch, mein Zimmer auch vom Stromnetz zu trennen, sind diverse Sicherungen durchgebrannt und mein Vater musste sich im Anschluss eine neue Stereoanlage und einen neuen Fernseher anschaffen. Das hat nicht gerade zur Entspannung der Lage beigetragen.

Ich habe das Fenster meines Zimmers mit Sandsäcken gesichert und muss mich regelmäßig abseilen, da mein Vater mit seinen Kegelkumpels die Wendeltreppe zu meinem Zimmer abgebaut hat.

Dennoch würde ich unser Verhältnis nicht als zerrüttet bezeichnen. Allerdings hatte ich meine Türklinke mit einer Autobatterie unter Schwachstrom gesetzt, erfolgreich, wie ich dem gelegentlichen Wimmern auf der anderen Seite der Türe entnehmen konnte.

Nun, was soll ich sagen, nach nur vier Wochen eines insgesamt doch recht albernen Nervenkrieges bin ich dann doch ausgezogen. Ein Sieg der Vernunft, gewiss. Außerdem stand mein Elternhaus nicht mehr – woran ich möglicherweise nicht ganz unschuldig bin.

Denn in einer nächtlichen Geheimaktion wollte ich nun meinerseits meine Eltern vom Stromnetz trennen. Und in einem dunklen Keller ist es nun mal nicht so einfach, das Hauptstromkabel von der zentralen Gasleitung zu unterscheiden. Heute würde mir das natürlich nicht mehr passieren. Und ich würde bei solch heiklen Arbeiten nicht mehr unbedingt sofort zum Trennschleifer greifen, der mit einer gewissen Unausweichlichkeit Funken schlägt. Nicht auszudenken, was passiert wäre, wenn mich die Druckwelle der Explosion nicht in den Gartenpool des Nachbarn geschleudert hätte.

Mittlerweile habe ich ein nettes kleines Zimmer in einem idyllischen Studentenwohnheim bezogen. Nach der unangenehmen Sache mit der Explosion ist auch die Familie wieder enger zusammengerückt. Zwangsläufig sozusagen, denn mein zehn Quadratmeter großes Zimmer teile ich jetzt mit meinen Eltern, meiner Schwester Gabi und deren Freund Yogi, der unerklärlicherweise tatsächlich noch Bewährung bekommen hat. Tatsächlich wäre sonst der andere Teil der Familie obdachlos geworden. Und das Angebot, zu Opa ins Seniorenzentrum zu ziehen, ist dann doch nicht in die engere Wahl gekommen.

Manchmal, wenn das Wetter schön ist, gehen wir zu dem Krater, da, wo früher unser Haus gestanden hat. Auch wenn uns das alle ein bisschen sentimental macht.

Zumindest fühle ich mich jetzt erwachsen.

Hauptsache, ein Dach über dem Kopf

»Wohnungssuche? Vergiss es!«, meinte Nina nur. Dabei hatte ich es mir so schön vorgestellt: Ausgelassen den 18. Geburtstag feiern, danach mit der Freundin und der einzig wahren großen Liebe zusammenziehen und abwarten, was das Leben für einen bereit hält.

»Du spinnst ja wohl«, meinte Nina entrüstet. »Ich war nicht jahrelang der Babysitter meiner kleineren Geschwister, um dann als dein Babysitter mit dir in eine Wohnung zu ziehen. Nein, such du dir mal ein schönes Zimmer und ich komme dich dann oft besuchen – vorausgesetzt, du putzt regelmäßig. Du weißt ja, ich habe eine Staubsaugerallergie.«

Auch meine Eltern waren von meinen Auszugsplänen nicht begeistert, allerdings gaben sie sich dann aber verdächtig leicht geschlagen, was mich doch ein wenig verletzte.

Damit war aber immer noch keine Wohnung gefunden.

Was hatte ich nicht alles versucht: Früh am Morgen die Tageszeitung durchgeblättert, Zettel an das Schwarze Brett gehängt, woraufhin ich mehrere ebenso unanständige wie interessante anonyme Anrufe erhielt. Auch wurde ich wiederholt von den Vertretern der Zeugen Jehovas, Repräsentanten der Arbeitsgemeinschaft *Gewaltfreie Revolution jetzt* und zweier Weltuntergangssekten aufgesucht.

Das alles war ja durchaus aufschlussreich und gesellig, nur eine Wohnung hatte ich immer noch nicht.

»Weil du es nicht richtig angehst«, maulte Nina.

»Vielleicht bekomme ich meine erste eigene Wohnung

nicht mit 18, sondern erst mit 80, wenn ich ins Altenheim einziehe«, klagte ich.

»Unsinn«, meinte Nina.

Auch sie blätterte auf der Suche nach der Wohnung in der Zeitung, allerdings nicht im Immobilienteil, sondern bei den Todesanzeigen: »Da sieht man auf einen Blick, wo gerade etwas frei geworden ist.«

Um mir zu zeigen, wie es geht, rief Nina kurzerhand bei einem der Hinterbliebenen an, woraufhin ich erneut Zeuge ihres sanften und mitfühlenden Wesens wurde:

»Ja, guten Abend, ich habe Ihre Adresse aus der Zeitung. Herzliches Beileid wegen ihrer Oma. Bei dieser Gelegenheit wollte ich mal fragen, ob die Wohnung der... äh, werten Verstorbenen schon wieder vergeben ist?«

Das war zwar sehr entschlossen, aber letztlich genauso erfolglos.

Was hat ein 18-Jähriger vom Leben zu erwarten, dessen letzte Hoffnung ein übermotivierter Makler ist? Diese Frage wollte ich mir lieber nicht beantworten, als ich bei Horst Hampel im Büro saß.

»Junger Mann verlässt das elterliche Nest, um endlich flügge zu werden. Respekt, Respekt, sage ich da nur!«. Hampel war in seinem Element.

Ich hatte eine glückliche, intakte Kindheit, voller Liebe und Geborgenheit. Von der Kälte und Boshaftigkeit der Welt ahnte ich nichts, jedenfalls nicht, bevor ich erstmals einem Makler gegenübersaß.

Dabei war Horst Hampel von Hampel, Hampel & Hampel (»Ich bin der zweite Hampel«) kein schlechter Mensch. Von ihm stammte der Vorschlag, verurteilten Strafgefangenen auch für die Belegung ihrer Zelle die übliche Makler-Courtage abzuknöpfen – natürlich nur vorausgesetzt, sie werden in ein Gefängnis ihrer Wahl verlegt. Unvergessen auch seine Bemühungen, das Dachgeschoss des städtischen Krematoriums für den Wohnungsmarkt zu erschließen (»Angenehm temperierte Loft-Studios in exklusiver Umgebung.«) Horst Hampel hatte eine Devise: »Man muss gucken, was der Markt hergibt.« Und der Markt gab so einen Trottel wie mich her.

Ich sagte, was ich für die Miete ausgeben konnte, und als Hampel bald darauf aus seiner kurzen Ohnmacht erwachte, japste er theatralisch:

»Ihnen ist schon klar, dass ich Ihnen dafür kein Schloss in Südfrankreich besorgen kann?«

Ich nickte betreten und Hampel seufzte: »Was soll's, ich liebe die Herausforderung.«

Er beugte sich vertraulich zu mir herüber: »Ich habe da ein echtes Schmuckstück für Sie. Ein wah-rer Geheimtipp.«

Ich rechnete mit dem Schlimmsten. Vierzig Minuten später standen wir vor etwas, das Hampel als »architektonisches Kleinod« anpries:

»Der Hauseigentümer fühlt sich der historisch gewachsenen Baukultur besonders verpflichtet, deshalb ist hier die letzten dreißig Jahre auch nicht groß saniert worden.«

Das sah man, wir blickten auf ein ruinenartiges Mehrfamilienhaus, dem der Makler die »zeitlose Eleganz der soliden Waschbetonbauweise« andichtete. Horst Hampel war in seinem Element: »Die nächste Bus- oder Bahnhaltestelle ist noch nicht einmal dreißig Minuten Fußweg entfernt. Und irgendwann soll ja auch die Zufahrt zum Haus asphaltiert werden. Also, eventuell…«

Durch tiefe Pfützen und Schlaglöcher arbeiteten wir uns zum Hauseingang vor. Beim Blick in den verwilderten Hinterhof erkannte ich eine ganze Menge schwarzer, kleiner Augenpaare, die uns neugierig anstarrten.

»Ratten?«, fragte ich entsetzt.

Hampel winkte genervt ab: »Nun haben sie sich mal nicht so, junger Mann. Hier fühlt man sich eben einer naturschonenden Öko-Bauweise verpflichtet. Genau das Richtige für jemanden Ihrer Generation.«

Sprach's und trat mit Schwung die Haustüre ein (»Keine Sorge, da kümmert sich der Hausmeister drum. Wenn er wieder mal Freigang hat.«) und hatte schon einen courtagefreien guten Rat für mich: »Ihr zukünftiges Domizil ist im vierten Stock. Wir können natürlich das Treppenhaus nehmen, aber unter uns, die Feuerleiter ist besser in Schuss, vorausgesetzt, Sie sind schwindelfrei.«

War ich nicht. Dennoch folgte ich ihm.

Schließlich standen wir in einem immerhin handtuchbreiten Zimmer mit Kochnische.

Hampel stöhnte: »Früher hätte ich Ihnen noch die hübsche Wanddekoration im authentischen Schimmeldesign anpreisen können, aber mittlerweile hat das Gesundheitsamt Einspruch eingelegt.« Er sah meinen besorgten Blick und legte gleich nach: »Keine Sorge, zweimal täglich lüften, dann löst sich das Problem mit dem Schimmel von selbst. Das ist ein lebender Organismus, der verträgt nicht viel.«

»Sind die Wände nicht arg dünn?«, fragte ich schüchtern.
»Da kommt ja noch Tapete drauf«, retournierte Hampel gekonnt: »Tschuldigung, ist ein alter Maklerwitz.« Er näherte sich einem Ofen in der Ecke des Zimmers. »Kohleheizung. Etwas Besseres gibt es nicht«, sagte er stolz. »Da sind Sie ganz nah an der Natur dran.«

»Und was ist mit warmem Wasser?«, fragte ich schüchtern, nur um von Hampel einen mitleidigen Blick zu ernten.

»Kann es sein, dass Sie etwas verwöhnt sind?«

Stattdessen führte er mich weiter in die Finessen des Appartements ein: »Die Klingel tut es gerade nicht. Bitten Sie Ihren Besuch doch einfach, draußen einmal laut ›Huhu‹ zu rufen. Man kann ja auch mit kleinen Steinchen gegen die Fensterscheiben werfen. Wenn erst einmal wieder Scheiben in den Fenstern sind.«

Hampel riet mir noch, in der Wohnung möglichst keine Elektrogeräte anzuschließen, zumindest nie mehr als zwei auf einmal. (»Wissen Sie, hier hat man das einfach noch nie ausprobiert. Und man will ja nix riskieren.«)

In der Nebenwohnung schlug ein Gong, gefolgt von einem herzzerreißenden Wimmern. Nach einigen Sekunden Pause folgte ein markerschütternder Schrei. Hampel räumte Erklärungsbedarf ein: »Das ist Herr Schmitz-Enkenbach. Er befindet sich gerade auf einer spirituellen Selbstfindungsreise.«

»Ziemlich laut, finden Sie nicht?«, fragte ich.

»Da sollten Sie ihn mal morgens um halb vier hören«, erwiderte Hampel nonchalant: »Na, was sage ich: Sie werden ihn ja morgens um halb vier hören. Und das jeden Tag.«

Ich seufzte. Es war eine unbeschreibliche Bruchbude. An allen Ecken roch es nach Moder und dann gab es noch etliche andere Gerüche, über deren Herkunft ich lieber nicht so viel wissen wollte. Aber es war für mich gerade noch bezahlbar und womöglich würde Nina es romantisch finden. Also nichts, was man mit ein paar Kerzen, ein paar Bahnen Raufaser und mehreren Spraydosen Tannennadelduft nicht halbwegs wohnlich hinkriegen würde. Und es war schließlich meine erste eigene Wohnung. Ich gab mich geschlagen.

»Na ja, da in der Ecke ist es offenbar trocken, da könnte ich mein Bett hinstellen.«

»Oh, dazu würde ich Ihnen nicht raten«, meinte Hampel vergnügt. »Genau da in der Ecke lag Ihr Vormieter. Genau acht Monate lang, bis ihn die Polizei schließlich gefunden hat. Sie haben Glück, Mumien sind hier in der Gegend eigentlich selten.«

So wurde dann doch nichts aus dem Mietvertrag zwischen mir und dem zweiten Hampel von Hampel, Hampel & Hampel. Heute bin ich stolz, dass wir stattdessen familienintern eine Lösung gefunden haben, die mir die Unabhängigkeit und Loslösung vom Elternhaus ermöglichte und dabei doch finanzierbar blieb. Gut, es war nicht leicht, Brutus zur Aufgabe seiner Hundehütte zu bewegen, zumal sein dezenter, aber durchaus hartnäckiger Geruch doch länger in dem Holzverschlag hängen blieb als gedacht. Auch ist das diplomatische Talent bei Schäferhundmischlingen offenbar nicht allzu sehr ausgeprägt, jedenfalls wehrte sich Brutus hartnäckig, sein angestammtes Domizil für mich zu räumen.

Immerhin erfuhr ich auf diese Weise, dass unser gutmütiger Haus- und Hofbewacher tatsächlich einige ausgewachsene Kampfhunde in seiner Ahnenlinie hat. Aber meine Wunden sind dann doch sehr schnell verheilt und die Narben machen mich »insgesamt interessant, irgendwie«. Fand jedenfalls Nina. Weniger gut fand ich den Einfall meiner Eltern, dass ich an Stelle von Brutus unsere Einfahrt schützen sollte. Dieser hatte mittlerweile den Rollentausch akzeptiert, was sich nicht zuletzt darin zeigte, dass er abends an meiner Stelle auf dem Familiensofa saß.

Immerhin wollten meine Eltern darauf verzichten, mich wie Brutus an die Kette zu legen. Schade eigentlich. Nina hätte das gut gefunden.

Fehltritt mit Folgen
oder Wie ich einmal schrecklich versumpft bin

Wenn ich auf meine Mutter gehört hätte, wäre tatsächlich alles ganz anders gekommen. Sie sagte immer, lass deine Felle nicht immer überall liegen und wenn einer über deine Keulen fällt, wird sich noch jemand den Hals brechen. Nun war Tubur tatsächlich über meine Keulen gefallen und lief mir nun laut brüllend hinterher. Es war eine Vollmondnacht, fast schon Frühling und es war mein Glück, dass sich gerade einige Wolken vor den Mond geschoben hatten. Ich hörte das tierische Brüllen von Tubur irgendwo hinter mir und brachte mich auf einem Baum in Sicherheit. Tubur war der anerkannte Idiot in seinem Clan, jemand, der sich sogar noch vor dem Feuer fürchtete und deshalb gewiss zu blöd, um bei der Jagd nach mir auf die Bäume zu achten.

Immerhin, ein schwacher Trost. Den Abend meiner Volljährigkeit hatte ich mir jedenfalls ganz anders vorgestellt, eine gesellige Runde im Kreise der Familie am Lagerfeuer, vielleicht ein kleiner Plausch mit dem Schamanen, aber so bitte nicht. Doch der Ärger hatte schon mit dem »Gespräch unter Männern« begonnen, das mein Vater unbedingt mit mir führen wollte.

»Nun, Sohn«, brummte mein Vater, »jetzt bist du also erwachsen und kannst als vollwertiges Mitglied mit uns anderen Männern auf die Jagd gehen. Du kannst dich dem Säbelzahntiger stellen und dem wilden Braunbären.« Ich schluckte. »Und mit etwas Glück wirst du gefressen und gehst als Held in unsere Mythen und Legenden ein, so dass noch Generationen von Jägern an ihren Lagerfeuern von deinem Schicksal berichten werden.«

Na, das waren ja tolle Aussichten. Jetzt war Diplomatie gefragt, dachte ich mir und räusperte mich bedächtig:

»Ja, Papa, das trifft sich gut, dass du es ansprichst. Also, es ist ja nicht so, als ob ich Jagen nicht unglaublich interessant finden würde…«

Mein Vater zog misstrauisch die Augenbrauen hoch – oder irgendetwas anderes in seinem Gesicht, das nun mal ziemlich behaart war.

Tatsächlich war Jagen nämlich gar nicht so mein Ding. Man muss bei jedem Wetter raus, es riecht unangenehm und ist auch nicht ganz ungefährlich – was man so hört. Ich hatte jedenfalls andere Ambitionen. Erst vor wenigen Monden hatte ich mein Talent als Höhlenmaler entdeckt. Also malte ich mit Ruß und Kreide wilde Tiere und Jäger auf die Wände der Höhlen. Die älteren Männer haben mich verprügelt, was auch nicht anders zu erwarten war, aber die Frauen waren doch recht angetan. Und wenn ich auf diese Tour bei den Mädels zum Zug kam, war das doch auch nicht schlecht.

Und so erzählte ich meinem Vater schüchtern von meinem Berufswunsch: Höhlenmaler. Wie nicht anders zu erwarten, war er nur wenig begeistert: »Solange du deine Füße in dieser Höhle wärmst, wirst du Jäger – so wie ich, mein Vater, dessen Vater und wasweißichnochwer.«

Mit Pädagogik hatte man es nicht so in der Jungsteinzeit. Entrüstet warf er eine Axt nach mir – was bestimmt nicht persönlich gemeint war. Dennoch brachte ich mich auf einem Baumwipfel in Sicherheit, der mir inzwischen fast ein zweites Zuhause geworden war.

»Ist der Junge überhaupt von mir?«, fragte mein Erzeuger derweil erbost.

»Woher soll ich das wissen?«, antwortete meine Mutter gelassen. Es war eine Debatte, die so ähnlich auch schon bei meinen zwölf älteren Brüdern und Schwestern gelaufen ist. Immerhin, sie sorgte sich um mich.

»Mit diesem Fell gehst du mir jedenfalls nicht vor die Höhle, was sollen denn die anderen von uns denken«, sagte sie immer. Die Zeiten waren hart in der Jungsteinzeit, besonders für jemanden, der wie ich auf der Schwelle zum Erwachsenwerden stand – oder vor dem Gefressenwerden. Je nachdem, was früher eintrat. Stattdessen gab es nichts als Vorschriften.

»Treib dich nicht mit Batur herum, das ist kein Umgang für dich. Du weißt, er hat seine eigene Schwester an die übrige Sippe verfüttert«, nörgelte meine Mutter.

»Er sagt, es war ein Missverständnis«, maulte ich, aber mit meinen Eltern kann man über so etwas nicht reden.

Es war alles andere als Jagdsaison und wir nahmen tüchtig ab. Zum Frühstück gab es wieder mal alte Ratten, als ob man davon satt wird.

Meine Schwester war Vegetarierin geworden und ernährte sich nur noch von Moos und Wurzeln. Proto vom Nachbarstamm interessierte sich sehr für sie, aber meine Schwester war nicht allzu begeistert. Der geht ja noch nicht mal aufrecht, lästerte sie. Ja, sie war schon ein recht verwöhntes Biest, aber in diesem Fall hatte sie sogar Recht. Ansonsten verstanden wir uns nicht besonders, seitdem sie einmal versucht hatte, mich in einer Bärenhöhle auszusetzen, als ich noch sehr klein war.

Es gab nicht viel zu tun, ich konnte nur hin und wieder mal Omas Mumie ausbuddeln – was meine Kumpels total peinlich fanden. Überhaupt gab es viel zu wenig Mädchen, was auch daran lag, dass in schlechten Zeiten bei uns der weibliche Nachwuchs gerne mal als kleine Zwischenmahlzeit zubereitet wird. Ich fürchtete allmählich, wie Onkel Grodo zu enden, der auch keine Frau abbekommen hatte und sich schließlich mit einem Bison liierte.

An jenem unangenehmen Nachmittag, an dem ich volljährig wurde, waren wir wieder auf dem Weg zu einer neuen Höhle, weil bei uns in der Gegend die Mammuts wieder ungemütlich wurden. Ich suchte nach einer Abkürzung. Meine Schwester, das ewige Fräulein Neunmalklug, meinte noch: »Pass auf, da ist das Moor!«

Ich konnte es nicht mehr hören, diese dauernde Besserwisserei, also ging ich extra noch zwei Schritte weiter außen und dann sackte ich plötzlich bis zu den Knöcheln in dem weichen Modder ein.

Hoppla.

Ich versuchte, mich zu befreien, doch das war jetzt wirklich schwierig. Anstatt die Füße frei zu bekommen, sackte ich noch viel mehr ein, jetzt schon bis an die Knie.

»Leute, ich glaube, ich habe da ein Problem«, rief ich zaghaft.

»Ja ja«, meinte der Clanführer desinteressiert und meine Schwester drohte mir gelangweilt mit der Keule. Da steckte ich schon mit der Hüfte im Moor, und noch während ich mich bemühte, aus der Brühe wieder herauszukommen, entfernten sich die Stimmen meines Clans allmählich weiter. Das wurde mir aber erst richtig bewusst, als mir das brackige Moorwasser schon bis zur Nasenspitze stand, und der blasse Mond der einzige Zeuge meines Missgeschicks wurde. Irgendwie fühlte ich mich gerade in diesem Moment sehr unverstanden, aber das geht wohl vielen Jugendlichen in meinem Alter so. Dann schlug das Moorwasser über meinem Kopf zusammen und es wurde sehr dunkel.

Nun, was soll ich sagen, die nächsten 100 000 Jahre vergingen wie im Flug, und ich will mich auch gar nicht beklagen, bis ich eines Tages von diesem tumben Torfstecher ausgebuddelt wurde, der mir in seiner Schusseligkeit gleich das linke Ohr abgehackt hat. Und jetzt liege ich hier in diesem Museum, wo auch nicht mehr los ist als im Moor, wo man ja über die Jahrtausende mit jeder Bakterie auf Du und Du ist. Wenn ich das geahnt hätte, na, da hätte ich mich doch gleich fressen lassen.

Die lieben Kleinen
oder Ein Versuch am lebenden Objekt

»Svenja! Sven-jaaa! Du sollst doch der Anna-Lena nicht mit der Metallharke auf den Kopf hauen, das tut der doch weh! – Und Thorben-Frederik, wenn du auf die Toilette musst, dann geh gefälligst ins Haus und nicht in den Sandkasten! Ich mache dein Häufchen jedenfalls nicht wieder weg.«

Natürlich liebe ich Kinder. Doch, wirklich! Auch wenn das meine Freundin mitunter etwas in Zweifel zieht. Nadine glaubt an die große Liebe. Und an mich. In dieser Reihenfolge! Damals waren wir seit zwei Jahren zusammen und es galt, die großen Fragen der Menschheit zu beantworten.

»Jetzt bist du gerade 18 geworden und ich weiß immer noch nicht, ob ich mit dir wirklich irgendwann einmal eine Familie gründen will«, grübelte sie.

»Natürlich will ich mit dir Kinder haben«, beteuerte ich.

Was man als junger Mann halt so sagt, besonders wenn man – so wie ich – hüllenlos auf dem Bett liegt, Arme und Beine mit rosa Puschelhandschellen an das Bettgestell gefesselt sind, und nicht wenige Teile meines Körpers mit violetter Lebensmittelfarbe bemalt wurden. Nadines unvergleichliche Art, mir zu meiner Volljährigkeit zu gratulieren. Meine Verhandlungsposition war also in mancherlei Hinsicht nicht die Beste – was Nadine natürlich nur zu gut auszunutzen wusste.

Beim Thema Kinder kannte sie sich aus. Immerhin war sie trotz ihrer Jugend schon Gruppenleiterin im selbstverwalteten Kindergarten *Zappelphilipp*. Wenn sie von ihrer Arbeit berichtete, erinnerte mich das immer an Uropas Erzählung aus dem Russlandfeldzug. Nun gut, sie übertreibt. Dachte ich jedenfalls.

»Soso, du magst also Kinder«, sinnierte Nadine und zog meine Handschellen fester an: »Das wirst du mir natürlich beweisen müssen.«

»Klar, überhaupt kein Problem.«

Nadine hatte mir eines Nachts von einer ziemlich unanständigen Phantasie erzählt, bei der Bohrmaschinen, asiatische Gewürze und diverse Küchenutensilien eine nicht unerhebliche Rolle spielten. Jetzt sah ich, wie Nadine einen gut sortierten Werkzeugkoffer unter dem Bett hervorzog. Der Abend meines 18. Geburtstages versprach also interessant zu werden. Und noch während mich Nadine mit angenehm temperiertem Olivenöl einrieb, meinte sie:

»Na, dann komm doch mal mit in den Kindergarten. Sozusagen als Praktikant für einen Tag. Dann sehe ich ja, wie du mit den lieben Kleinen umgehst.«

Nadine wollte also den Versuch am lebenden Objekt. Den konnte sie haben. Nach einer kurzen, aber doch recht abwechslungsreichen Nacht stand ich am folgenden Morgen als Aushilfskraft im Garten des *Zappelphilipp*. Und wurde Zeuge, wie die vierjährige Svenja der gleichaltrigen Anna-Lena im Kindergarten-Blumenbeet die Metallharke auf den Kopf haute. Und zwar mit Schmackes.

»Svenja braucht das. Sie lebt sich halt gerne mal aus«, verriet mir später ihre Mutter mit größter Gelassenheit, nachdem ich ihr entrüstet diese kleine Episode geschildert hatte. Svenjas Mutter studiert Pädagogik auf dem dritten oder vierten Bildungsweg und hat für die Eskapaden ihres Nesthäkchens grundsätzlich Verständnis. Kein Verständnis hatte sie für die Bedenken eines Aushilfs-Kindergärtners, der nur erschienen war, um seiner Freundin die Familientauglichkeit zu beweisen.

Tatsächlich nahm Anna-Lena die regelmäßigen körperlichen Attacken ihrer Sandkastenfreundin nach der ersten Empörung mit lebenserfahrener Gelassenheit:

»Supi, dann kriege ich bestimmt wieder eine Narbe. Da wird mein Bruder wieder neidisch.«

Ich war nicht mit jüngeren Geschwistern gesegnet, die Erfahrung eines Kleinkindes als interaktives Familienmitglied war mir versagt geblieben. Das änderte sich, als mich Nadine den rund dreißig bestens ausgeruhten und hochmotivierten kleinen Rackern vorstellte.

»Ist das dein Freund?«, fragte die kleine Paula mit durchaus berechtigtem Interesse. Und als Nadine dies bestätigte, hakte Paula konsequent nach: »Duhu, Nadine, du siehst doch eigentlich ganz nett aus, warum hast du dann keinen hübscheren Freund?« Und während ich noch mit einer nahenden Ohnmacht rang, antwortete Nadine vergnügt mit der gesammelten Souveränität einer gestandenen Erzieherin:

»Manchmal muss man eben das nehmen, was man bekommen kann. Aber das wirst du kleines Fräulein auch noch lernen.«

Nele, Nadines Kollegin, war vom Sinn unseres Beziehungsexperiments nicht ganz überzeugt.

»Du willst als Laie, ach, was sage ich, als Mann einen ganzen Tag bei uns im Kindergarten arbeiten?«

»Null Problemo«, antwortete ich heiter.

Nele blieb skeptisch: »Ich hoffe, du hast den Schwarzen Gürtel? Ansonsten könnten die nächsten Stunden etwas hart werden.«

»Ich mag deinen Humor«, antwortete ich.

Sie sah mich verständnislos an: »Ich habe nicht gescherzt. Hier haben alle erwachsenen Mitarbeiter den Schwarzen

Gürtel, weil das angesichts der Situation im Kindergarten auch durchaus sinnvoll ist.«

Also, das hätte Nadine mir ruhig vorher sagen sollen. Na ja, wir waren jung und verliebt.

Nele hatte noch einen guten Rat für mich: »Egal was passiert: Drehe den Kindern niemals den Rücken zu! Mach! Es! Nicht!«

Ach, wenn ich doch nur auf ihre Worte gehört hätte...

Und so stand ich dann vor den erwartungsvollen Augen der lieben Kleinen.

»Nur Mut, sie beißen nicht«, sagte Nadine noch – was übrigens nicht stimmt. Kinder beißen doch! Nie wieder werde ich Milchzähne unterschätzen.

Zuerst glaubte ich noch, Nele hätte übertrieben, denn der Tag fing ausgesprochen harmonisch an – bis auf diese dumme Geschichte beim gemeinsamen Frühstück. Zum Glück hatte ich in Nadines Fachbüchern gestöbert und wusste daher: Kinder lernen am besten durch Ausprobieren. So rammte mir die dreijährige Madelaine schwungvoll die Gabel ihres Kinderbestecks in den Handrücken. Anschließend fragte sie mich sanft: »Tut das weh?« Ja, es tat weh. Immerhin erfuhr ich auf diese Weise schon recht früh am Tag, wo im Kindergarten der Verbandskasten aufgehoben wird, was sich später als sehr hilfreich erweisen sollte.

Natürlich hatte ich einen Plan. Ich wollte so etwas wie »der große Bruder« der Kinder sein, jemand, mit dem man Pferde stehlen kann. Das klappte auch prima, zumindest theoretisch. Aber wenn man länger als eine Viertelstunde mit mehr als einem Kind zusammen ist, bevorzugt man pragmatische Lösungen. So sah ich bewusst weg, als der kleine Frederik das Designer-Kleidchen von Lotta Maria anzündete. Man will ja auch nicht immer als Spielverderber dastehen. Nach rund einer Stunde hatte ich angefangen, in

Gegenwart der Kinder unkontrolliert zu zittern. Später erfuhr ich in meiner Therapie, dass das ganz normal ist. Nadine durfte von all dem natürlich nichts wissen.

Das war aber nicht so einfach. So zeigte mir die kleine Mirjam die Kuchen, die sie mit Förmchen aus dem Sand der Spielkiste »gebacken« hatte:

»Guck mal, die habe ich alle gemacht.«

Ich lobte sie ausgiebig. Schlimmer Fehler.

»Willst du mal einen meiner Sandkuchen probieren?«, fragte Mirjam höflich.

Ich lehnte dankend ab, verwies auf das anstehende ausgiebige und reichhaltige Mittagessen und wollte sie auf den kommenden Tag vertrösten.

Mirjam ließ nicht mit sich verhandeln: »Du isst jetzt mein Sandförmchen-Kuchen!«

Diese Vierjährige hatte etwas in der Stimme, das keinen Widerspruch duldete, außerdem warf mir Nadine einen strafenden Blick zu. Also aß ich ihre acht Sandförmchen-Kuchen komplett auf. Sie waren gar nicht mal schlecht. Und gut für die Verdauung.

Ich habe die Geschichten von Eltern, die ihren Nachwuchs im »Kinderparadies« eines großen Möbelhauses abgeben und partout nicht wieder abholen wollen, immer für Horrormärchen gehalten. Andererseits, eine interessante Alternative war das schon. Nein, ich wollte da durch, schon alleine wegen Nadine.

»Du musst zu Kindern unbedingt ehrlich sein«, hatte mir Nadine eingeschärft. Kaum zu glauben, aber es funktionierte. Am Nachmittag passte mich die kleine Antonia vor der Küche ab.

»Du hast den ganzen Tag noch nicht mit mir gespielt. Willst du nicht?«

Ich rief mir Nadines Rat ins Gedächtnis und antwortete:

»Nein, Antonia, ich will nicht mit dir spielen, weil alle behaupten, dass du ein arrogantes, verhaltensgestörtes kleines Monster bist, und ich glaube, das stimmt.«

Antonia nickte zufrieden: »Ja, das sagen Mama und Papa auch immer zu mir. Na, dann ist ja alles in Ordnung.«

Dass mein Ausflug in die Wunderwelt der Kindererziehung schließlich doch kein uneingeschränkter Erfolg wurde, lag letztlich nur an Tommy Oschkamp. Oschkamp war eines dieser anstrengend schlauen Kinder, die später regelmäßig von ihren Klassenkameraden auf dem Schulhof verprügelt werden – nicht ganz zu Unrecht, wie ich mittlerweile finde. Nadine hatte mich gewarnt:

»Tommys Eltern glauben, dass ihr Filius eines Tages den Nobelpreis bekommt, als Naturwissenschaftler oder Mediziner.«

Der Traumberuf Serienmörder fehlte auf dieser Liste. Die notwendige Eignung war jedenfalls unbedingt vorhanden.

Jedenfalls waren Nadine, Nele und die Kinder schon im Garten, ich räumte die letzten Teller in der Küche weg, da kam Tommy auf mich zu, mit seiner Nickelbrille und dem Façon-Haarschnitt: »Duhu, sag mal, was ist eigentlich eine Verpuffung?« Ich erklärte es ihm und er nickte zufrieden: »Aha, dann wird das ja gleich richtig interessant.« Und er verschwand.

Es hat einen Augenblick gedauert, ehe ich begriffen habe, was er meinte. Dann bemerkte ich den eigentümlichen Geruch in der Luft und ich zählte eins und eins zusammen.

Natürlich ist es verdächtig, wenn sich ein Dreijähriger für den Gasofen in der Küche des Kindergartens interessiert, auf dem jeden Mittag das Essen für alle aufgewärmt wurde. Und ich hatte auch sehr wohl die Kerzen und die Streichhölzer in der Küchenschublade gesehen.

Also schrie ich: »Schnell, alle raus aus dem Haus und in den Garten!«

Nadine sprach mich von außen durch das Küchenfenster an: »Schatz, so kannst du aber mit Kindern nicht reden. Ich bin wirklich etwas enttäuscht von dir. Außerdem sind doch schon alle außer dir im Garten.«

Da dämmerte es mir. Ich lief. Und lief. Und fast hätte ich es ja auch geschafft. Fast. Dann kam der Knall und die Druckwelle und das nächste, was ich sah, war der Rauch, der sanft vom zerstörten Dach des Kindergartens aufstieg und vom Abendwind davongetragen wurde.

Nadine war an meiner Seite, als ich in den Krankenwagen geschoben wurde. Sanft flüsterte sie in mein Ohr:

»Ich bin sehr stolz auf dich. Du hast versucht, uns zu retten, auch wenn eigentlich niemand in Gefahr war. Und, ja, ich will unbedingt ein Kind von dir.«

Wahrscheinlich war das der Moment, in dem ich endgültig das Bewusstsein verlor.

Wenn der Prinz erwachsen wird

Es ist ja nicht so, dass mein 18. Geburtstag eine einzige Katastrophe war. Immerhin kam ich in die Zeitung. Nicht, dass ich es geplant, gewollt oder gar gewünscht hatte. Im Gegenteil. Andererseits hat meine Mutter schon Recht, wenn sie sagt: »Ohne Papis Unfall wärst du doch nie Prinz geworden – dazu noch an deinem 18. Geburtstag. Ein schöneres Geschenk gibt es doch gar nicht!« Ich wäre schon mit einer frischen Sahnetorte zufrieden gewesen. Aber es kam ja ganz anders…

Alles in allem bin ich ein Opfer meiner Herkunft. Denn ich wurde in den Teil des Landes geboren, der alljährlich unausweichlich vom Karneval getroffen wird. Meine restliche Familie nahm regen Anteil am dörflichen Vereinsleben und ich profitierte davon. Als mein Vater Schützenkönig wurde, hatte ich am nächsten Tag schulfrei. Und weil das so war, akzeptierte ich auch den Umstand, dass ausgerechnet am Tag meines 18. Geburtstages der örtliche Karnevalsumzug stattfand, der – und jetzt wird es peinlich – von meinem Vater als Karnevalsprinz angeführt werden sollte. Es war mir auch egal, denn das Wunder der Liebe hatte von mir Besitz ergriffen, in Gestalt der angehenden Apothekenhelferin Anja, die mich »Naja, ganz okay« fand. Durfte ich vom Schicksal mehr verlangen?

Mein Vater zwinkerte verschwörerisch mit den Augen:
»Weißt du was, wir machen den Karnevalsumzug und danach feiern wir deinen 18. Geburtstag. Und zwar so, dass du

dich für den Rest deines Lebens daran erinnern wirst.« Zumindest in diesem Punkt sollte er Recht behalten.

Doch vorerst regierte die Vorfreude auf den Karnevalsumzug. Der Prinzenwagen, als prächtigster Wagen der Höhepunkt des dörflichen Umzugs, stand vor unserer Haustür und wurde mit Bonbons, kleinen Blumensträußen und Pralinenpackungen beladen. Umgeben waren wir von einer Handvoll Männer in abenteuerlichen Phantasieuniformen, allesamt mit der heiteren Gelassenheit von routinierten Gelegenheitstrinkern, wie man sie in dieser Dichte nur in dörflichen Vereinen antrifft.

Mein Vater war in seinem Element. Das Prinzenkostüm, weiße Strumpfhose, ein knapp sitzendes Wams und das mit Glasperlen bestickte Oberteil trug er gewissermaßen schon seit dem Vorabend. Ja, er wollte wirklich Karnevalsprinz werden und das schon seit Jahren. Nach endlosen Intrigen, etwas sachdienlicher Korruption und unzähligen wirkungslos verpufften Lokalrunden im Vereinsheim stand er nun vor der Erfüllung seines Traums.

Und wahrscheinlich war es nicht mehr als eine kleine Gemeinheit des Schicksals, dass sich just in diesem Moment im Inneren des Prinzenwagens einer der vorsorglich montierten Kästen Bier aus seiner Halterung löste. Der reichlich gebunkerte Gerstensaft sollte der Besatzung des Prinzenwagens den zweistündigen Umzug durch die engen Dorfstraßen verschönern und sie bei Stimmung halten. Jedenfalls kniete mein Vater – bereits als Prinz kostümiert – im Wageninneren und war mit Beladen beschäftigt. Vom nahenden Unheil merkte er nichts, sondern schrie erst auf, als ihm der Bierkasten auf den Beinen landete.

Es ist kein schönes Geräusch, wenn der Unterschenkel bricht. Das fanden auch die Rettungssanitäter, die meinen Vater erst mit viel Mühe aus dem Prinzenkostüm befreien mussten, um ihn danach in Richtung Klinik abzutransportieren. Zuvor winkte er mich noch zu sich.

»Mein Sohn, der Karnevalszug steht auf der Kippe. Es ist ein historischer Moment.«

»Nö, finde ich nicht«, widersprach ich, doch er schüttelte nur unwirsch den Kopf:

»Du musst für mich als Prinz einspringen.«

»Kommt überhaupt nicht in Frage. Ich habe heute Geburtstag. Und, Papa, ich finde Karneval peinlich.«

Mein Vater senkte seine Stimme und durch einen Schleier von Schmerzen flüsterte er: »Junge, es geht um die Familie!«

Na, wunderbar. Ich nahm mich zusammen.

»Das interessiert mich nicht.«

Er grinste trotz der Schmerzen listig: »Ist es nicht so, dass du noch jemanden suchst, der dir dein Auto sponsert?«

Tatsächlich, der wichtigste Sponsor des Karnevalsvereins war gleichzeitig der größte Gebrauchtwagenhändler der Region. Ja, es stimmt, es herrschen mafiose Strukturen auf dem Dorf, nicht nur in unserem, sondern wahrscheinlich auch in jedem anderen.

Oh ja, er kannte meinen wunden Punkt. Endlich ein Auto, meine Chancen bei Anja würden schlagartig steigen. Doch durfte ich nur für einen fahrbaren Untersatz meine Würde und Selbstachtung opfern? Aber natürlich! Zehn Minuten später war mein Vater auf dem Weg in die Klinik und ich trug das Prinzenkostüm.

Ohne dieses Kostüm wäre alles halb so schlimm gewesen. Wir waren das flache Land, das Kostüm des Karnevalsprinzen war keineswegs so prächtig wie in den jecken Hochburgen. Vielmehr wurde es von Prinz zu Prinz weitergegeben. So klebte in dem speckigen Wams der Schweiß von ganzen Generationen von Narrenfürsten. So roch es auch. Genauso schlimm war es mit der Prinzenmütze, die einst prächtigen Pfauenfedern waren mittlerweile entlaubt.

In dem Wams sah ich einfach nur fett aus. Nicht, dass ich ansonsten schlank ausgesehen hätte... Und zur guten Letzt noch etwas: Ich gehöre zu den Männern, die in hautengen weißen Strumpfhosen keine gute Figur machen. Eigentlich macht kein Mann in hautengen weißen Strumpfhosen eine gute Figur. Anders gesagt, ich sah furchtbar aus, was meiner Mutter nicht entging:

»Du hättest dir wirklich vorher die Beine rasieren sollen, man sieht deine Haare unter der Strumpfhose.«

Ihren Vorschlag, mich kurzerhand ambulant mit Heißwachs zu behandeln, lehnte ich dankend ab.

Es ist sehr unangenehm, sich in einem engen Karnevalswagen umzuziehen. Der Umstand, dass mir Rita Tibussek, die Frau des zweiten Vorsitzenden des Karnevalsvereins gegen meinen erklärten Widerstand beim Umziehen beistand, machte es nicht gerade leichter – zumal ich offenbar ihren Erwartungen nicht ganz entsprach: »Ach herrje, ich dachte, ihr jungen Männer tragt alle Boxershorts.«

»Hätte ich geahnt, was mir heute bevorsteht, dann hätte ich statt zum Feinripp zum Stringtanga gegriffen«, tröstete ich sie. Immerhin war ich nicht der einzige Verlierer an diesem Vormittag. Rita Tibussek gehörte zu den Frauen, die nach dem zweiten Glas Apfelkorn frivol werden:

»Du hast dich wohl noch nicht allzu oft in Gegenwart einer Frau umgezogen?«

»In der Tat habe ich noch nie in Gegenwart einer 58-jährigen Buchhalter-Gehilfin die Kleidung gewechselt«, antwortete ich wahrheitsgemäß.

Als ich dann das Kostüm endlich anhatte, war das Debakel nicht mehr zu übersehen. In dieser Ausstattung würde sich nicht einmal ein altersschwacher Transvestit auf die Straße trauen. Und das alles ausgerechnet an meinem Geburtstag, dem Tag, an dem ich vor dem Gesetz erwachsen wurde – auch wenn ich gerade alles andere als erwachsen aussah. Doch bei mir ging es um die Familie. Und mein Auto. Und um Anja. Vor allem um Anja. Kurzum, um nichts Geringeres als meine Zukunft. Also wurde ich schwach. Ich bin nicht stolz darauf.

Der Umzugswagen setzte sich ruckelnd in Bewegung. Als Höhepunkt des Umzugs war der Prinzenwagen besonders hoch ausgelegt. Mit anderen Worten: Noch vor der ersten Kreuzung war ich seekrank. An der zweiten Kreuzung übergab ich mich unter dem Jubel der Jecken am Straßenrand, die mich zu Unrecht für völlig betrunken hielten. Dabei war ich nie in meinem Leben nüchterner.

Dann begann mir die Sache Spaß zu machen. Ich warf Kamelle, schrie und kreischte wie die anderen. Ja, ich ließ mich sogar bejubeln. Wahrscheinlich das fassungslose Aufbäumen der vom Vater geerbten Gene.

Und nach rund zwei Stunden auf dem Karnevalswagen sah ich sie inmitten der Jecken an der Strecke stehen: Anja, meine Auserwählte. Das war meine Chance. Welch absurde Wendung des Schicksals! Ausgerechnet an meinem 18. Geburtstag und in dem albernen Gewand des Karnevalsprinzen sollte ich bei der Dame meines Herzens landen können.

Es war ein warmer, ungewohnt frühlingshafter Tag und Anja hatte sich als Haremsdame verkleidet, begleitet von ihren peinlichen Freundinnen Verena und Anke. Sie sah unbeschreiblich aus, und, oh Wunder, sie erkannte mich.

»Mensch Mädels, das ist doch der Nils! Hallo Nils, Kamelle, Kamelle!«

Jetzt oder nie! Ich griff die 200 Gramm-Packung Pralinen, die eigentlich für ganz besondere Freunde und Förderer des örtlichen Karnevals reserviert war. Doch wozu war ich Prinz, schließlich konnte ich damit machen, was ich wollte. Also nahm ich die längliche Packung mit der Nuss-Nougat-Mischung als kalorienhaltigen Liebesbeweis und schleuderte sie mit dem nötigen Schwung in Anjas Richtung.

In dem Moment, in dem die Schachtel Pralinen Anja am Kopf traf und sie sich mit einem sanften Aufseufzen in die Ohnmacht verabschiedete, begriff ich, dass das irgendwie nichts wird mit mir und der Dorfschönen. Und als am nächsten Tag die örtliche Tageszeitung mit der Überschrift »Ersatz-Karnevalsprinz streckt blonde Schönheit nieder« in den Briefkästen lag, war es für eine Entschuldigung etwas zu spät. Allerdings musste Anja nur mit drei Stichen genäht werden, wie mir ihre Mutter verriet. Mit mir reden wollte Anja jedenfalls nicht mehr.

Überhaupt war sie nach dem Vorfall etwas merkwürdig geworden. Sie kleidete sich nur noch schwarz und schloss sich den örtlichen Satanisten an, wobei der Unterschied zum Karnevalsverein gar nicht mal so groß war. Auch soll sie, so behauptet man jedenfalls im Dorf, dann und wann lebenden Meerschweinchen und jungen Mäusen den Kopf abbeißen. Igitt. Also wäre aus uns vermutlich sowieso nichts Dauerhaftes geworden.

Nicht, dass ich wegen meines Fehlwurfs Gewissensbisse habe. Ich bin mittlerweile mit dem Tanzmariechen des örtlichen Karnevalsvereins liiert und wir sind glücklich, soweit das unter diesen Umständen möglich ist.

Volljährig – Warum muss das ausgerechnet mir passieren?

Guntbert ist mein Freund. Der beste, den man überhaupt haben kann. Das hat mir Guntbert jedenfalls versichert, als wir uns zum ersten Mal getroffen haben; hier, beim allwöchentlichen Selbsthilfetreffen der akut von Volljährigkeit Bedrohten.
»Denn ich bin schließlich euer aller Freund«, sagte Guntbert zu uns und lächelte sanft. Und das sei schließlich wichtig, gerade jetzt, an der Schwelle zum Erwachsenwerden. Außerdem hat er Soziologie und Psychologie studiert, verriet er noch.
»Das macht doch nichts, das kann doch jedem mal passieren. Also, dafür musst du dich nun wirklich nicht entschuldigen«, meinte Rüdiger zwei Plätze neben mir und das hatte den Guntbert doch irgendwie aus dem Konzept gebracht. Mir war es egal, denn ich gehöre ja eigentlich sowieso nicht hier in diese Selbsthilfegruppe. Denn schließlich geht es mir gut. Meistens jedenfalls.
Im Grunde sind meine Eltern schuld. Eltern sind eigentlich fast immer schuld, das habe ich auch von Guntbert gelernt. Denn schließlich ist Indianer-Häuptling ein völlig legitimer Berufswunsch – zumindest für einen Fünfjährigen. Als ich aber auch als fast 18-Jähriger noch fest entschlossen war, die Apachen auf den Kriegspfad zu führen, begannen meine Eltern allmählich etwas nervös zu werden.
Letztendlich hatte mein Vater einfach die besseren Argumente: »Du bist jetzt erwachsen und wir können dich selbst-

verständlich nicht zwingen, diesen Kurs zu besuchen. Es ist ganz allein deine Entscheidung. Aber wenn du nicht hingehst, wären wir gezwungen, dich die nächsten zwanzig Jahre in den Keller zu sperren!«

Es ist ja nicht so, dass ich die Sorgen meiner Eltern nicht nachvollziehen könnte, nach den traurigen Erfahrungen mit meinem älteren Bruder. Noch heute fragen sie sich, ob es tatsächlich klug war, ihn schon als Neunjährigen die *Lange Nacht des Vampirfilms* im Fernsehen sehen zu lassen. Seit dieser Nacht wollte er unbedingt Vampir werden und hatte auch gute Argumente dafür: »Man lernt viele interessante Leute kennen, der Job ist krisensicher und man hat angenehme Arbeitszeiten.«

Dennoch wurde sein Leben eine Kette von Enttäuschungen. Nie vergesse ich den Tag, an dem er sich dem *Verband der Blutsauger* (VdB) anschließen wollte, nur um festzustellen, dass es sich um einen Karnevalsverein von Finanzamtsbediensteten handelte.

Bei meiner Schwester liefen die Dinge nicht wirklich besser. Sie wollte unbedingt Zauberin im Varieté werden. Als sie als Zwölfjährige mit ihrem Lieblingskaninchen Hubert einen neuen Trick einstudieren wollte, muss irgendetwas schief gegangen sein. Hubert wurde jedenfalls danach nicht mehr gesehen und wir haben den großen Blutfleck nie mehr aus dem Wohnzimmerparkett herausbekommen. Offen gestanden hielt sich mein Bedauern in Grenzen. Immerhin hatte sie den Trick mit den zwölf Zauberschwertern eigentlich zuerst an mir ausprobieren wollen.

Und wegen dieser tragischen Vorgeschichte sitze ich im schmucklosen Raum der Volkshochschule, angereichert mit dem Geruch von Linoleum und regendurchweichten Mänteln. Nein, so hatte ich mir die Tage vor meinem 18. Geburtstag nicht vorgestellt.

Immerhin, ich war nicht alleine, mein einziger Trost. Neben mir saßen noch sechs Kandidaten für den Kurs »Endlich 18 – Erwachsen werden für Anfänger«.

Da war Rüdiger, mein Tischtenniskumpel, der sich mir aus Solidarität angeschlossen hatte; Gabi, die eigentlich den Kurs »Ich bin Analphabet – Na und?« belegt hatte, dann aber dummerweise das Schild an der Türe nicht lesen konnte. Und dann war da noch Sven, den sein wohlwollender Bewährungshelfer in den Kurs gesteckt hatte. Und natürlich Frau Hemmelsbach. Die war zwar schon 52, aber »Endlich 18« war der einzige Volkshochschulkurs in diesem Semester, in dem noch Plätze frei waren. Rudi, der wie die meisten anderen auch schon knapp 18 Jahre alt war, aber keinen Tag älter als elf aussah, was bei einem Bankkaufmann in Ausbildung insgesamt unvorteilhaft ist. Dann war da noch Susanne, normal bis ins kleinste Blutgefäß, sieht man mal von dem Punkt ab, dass ihre Eltern in Wahrheit vom Mars kommen. Sagt jedenfalls Susanne. Ich konnte mir wirklich größere Probleme vorstellen.

Ansonsten gab es Mineralwasser; Gummibärchen – und eben Guntbert. Er trug das T-Shirt »Endlich erwachsen und gut drauf«, was bei einem Endvierziger wie ihm etwas peinlich aussah. Dafür entschädigte die Überdosis Motivation, mit der er uns schlagartig in seinen Bann zog. Oder in den Tiefschlaf, je nachdem.

»So, und jetzt machen wir zum Einstieg mal ein lustiges Kennenlernspiel.«

»Warum«, fragte Rudi verzweifelt, den schon die Aussicht auf normale soziale Kontakte völlig aus der Bahn werfen konnte.

»Nana, meine Herren, wer wird sich denn gleich so gehen lassen?« Guntbert war in seinem Element. Es war eigentlich so wie in der Tanzschule. Nur schlimmer.

Sven erbarmte sich schließlich: »Ich bin der Sven und ich verachte euch alle.«

Guntbert schwieg irritiert. Rüdiger kicherte, Susanne prustete los.

»Vielleicht überspringen wir das einfach«, meinte Guntbert dann doch ziemlich lahm.

Nicht, dass wir uns falsch verstehen, trotz seiner üppigen Vorstrafen war Sven keineswegs unsympathisch. Später zeigte er mir, wie man Kleinwagen und Zigarettenautomaten öffnete, ohne Schlüssel und ohne verräterische Spuren zu hinterlassen. Man weiß ja nicht, wozu man es mal gebrauchen kann.

Guntbert raschelte derweil in seinen Papieren und wandte sich dann an meinen Leidensgenossen Rüdiger: »Sag mal Rüdiger, was erwartest du eigentlich vom Leben?«

»Nix«, antwortete Rüdiger wahrheitsgemäß.

Rüdiger bevorzugte einen Lebensentwurf in der kompakten Version. Sein irdisches Glück ist schon dann gesichert, wenn eine flächendeckende Versorgung mit amerikanischen Bulettenbratereien gewährleistet ist. Nicht gerade der ideale Kandidat für die von Guntbert bevorzugte Technik des lösungsorientierten Gruppendialogs.

So nannte er das wirklich. Immerhin sollte er auch noch zu seinem Erfolgserlebnis kommen. Der nächste Kandidat in der Fragerunde war Rudi, der Investmentbanker mit dem Aussehen eines Elfjährigen. Dieser ergriff dankbar die Gelegenheit, um in einem knapp dreistündigen Monolog seine angeblich verkorkste Kindheit auszubreiten.

»Ich finde das ganz wichtig, dass wir darüber gesprochen haben«, lobte Guntbert etwas erschöpft. Ich fand das auch, hatte ich doch die Gelegenheit genutzt, mit Susanne die Telefonnummern zu tauschen. Ich habe nämlich eine Schwäche für attraktive weibliche Marsianer.

Nach einer Woche sahen wir uns wieder. Susanne setzte sich automatisch neben mich. In der Pause konnten wir reden. Also lief es doch gar nicht schlecht. Eine moderat sinnfreie Plauderrunde, die vielversprechende Bekanntschaft einer Gleichaltrigen, die interessanterweise aus einer Familie von Marsianern stammt – was wollte ich mehr? Unter diesen erfreulichen Vorzeichen war es ein wenig überraschend, dass es bereits am zweiten Abend des Kurses zum Eklat kam. Und natürlich war es Guntberts Schuld.

Dabei schien es gerade bei dem überaus schwierigen Fall Sven erste zarte Fortschritte zu geben, ganz langsam hatte sich der sensible Zweieinhalbzentner-Mann angefangen zu öffnen. Fast schien Guntbert vor einem Erfolgserlebnis zu stehen. Nur weil jemand ein telefonbuchdickes Vorstrafenregister hat, muss er ja nicht gleich ein schlechter Mensch sein. Jedenfalls hatte Guntbert eine Mission.

»Hör mal, Sven, nur weil dich deine Eltern bei Fahrten in den Sommerurlaub regelmäßig auf Autobahnraststätten vergessen haben, bedeutet das noch lange nicht, dass du ihnen nicht wichtig warst.«

Sven verstand das nicht. Formulierungen mit mehr als einem Nebensatz verstand Sven eigentlich grundsätzlich nicht.

Dennoch, tief in meinem Innersten fühlte auch ich mich berufen, Sven ein wenig Trost in seinem freudlosen Dasein zu spenden: »Glaub mir, irgendwann werden auch deine Eltern verstehen, dass ›Pupsi‹ kein passender Kosename für einen 17-jährigen Stadtmeister im Kickboxen ist.«

Svens dankbaren Blick werde ich den Rest meines Lebens nicht vergessen.

Vielleicht ist es Guntberts Tragik, dass er sich nicht mit den bei Sven möglichen kleinen Erfolgen zufriedengab. Nein, Guntbert wollte den großen Wurf – und scheiterte.

»Suchst du nicht auch den Sinn des Lebens?«, fragte Guntbert.

»Nö«, antwortet Sven ebenso knapp wie vorhersehbar.

»Ich aber schon«, betonte Guntbert und das muss bei ihm wohl eine Art Ventil geöffnet haben: »Ohne geht es doch nicht. Oder denkt ihr, das macht Spaß, jede Woche hierher zu kommen und vor euch den dummen August zu machen?« Und tief in ihm fing etwas an zu vibrieren.

»Ich finde, Sie machen das sehr gut«, lobte Gabi, die zum ersten Mal im gesamten Kurs überhaupt etwas sagte.

»Nein, macht er nicht«, entgegnete Rüdiger, und Guntbert sagte:

»Seht ihr, da haben wir es.«

Sanft, ganz sanft nahm der Irrsinn irgendwie von Guntbert Besitz, dass es eine Freude war. Er fing an zu stammeln, biss in einen der zahlreichen Aktendeckel, die er mitgebracht hatte, zog sich wesentliche Teile der Oberbekleidung aus und stürmte schließlich halbnackt aus dem Seminarraum.

»Das war jetzt aber mal interessant«, fand Susanne, und da konnte man ihr kaum widersprechen.

Das alles ist jetzt vier Wochen her. Guntbert bietet den *Endlich 18 – Erwachsen werden für Anfänger*-Kurs nicht mehr an. Seine neuen Fachgebiete sind zeitgenössischer Seniorentanz und Feng Shui für Gartenfreunde.

Susannes Eltern sind übrigens tatsächlich Marsianer, aber ihre Mutter backt ausgezeichneten Kuchen und ihr Vater spielt ziemlich gut Tischtennis. Ich habe keine Chance gegen ihn, aber mit drei Armen hat er auch gewisse Vorteile.

Susanne und ich verstehen uns gut, und unseren 18. Geburtstag feierten wir gemeinsam. Die Selbsthilfegruppe haben wir wohl nicht mehr nötig. Ich wollte nicht mehr Indianerhäuptling werden, sondern lieber etwas mit Holz arbeiten, denn dazu könnte ich immerhin die alten Kriegsbeile gut verwenden. Frau Hemmelsbach hatte zur Feier unseres Geburtstages Kartoffelsalat gemacht. Und meinte dann: »Wenn ihr glaubt, 18 sei schlimm, dann wartet erst mal euren 20. Geburtstag ab.«

Meine erste Million

Man sagt, die erste Million ist die schwerste und ich kann sagen: das stimmt. Nicht, dass ich meine erste Million schon geschafft hätte, aber eben darum weiß ich, dass der Weg dorthin wirklich hart und mühsam ist.

Am Abend meines 18. Geburtstags machte ich Kassensturz und das Ergebnis war ernüchternd. Zur Feier meiner Volljährigkeit wäre ich gerne reich und gutaussehend gewesen. Tatsächlich war ich mehr oder weniger pleite. Und die Sache mit dem Aussehen... Ach, lassen wir das.

Dabei mochte ich Geld. Ich liebte es, wie es sich anfühlt, wie es riecht (leicht metallisch, achten Sie mal darauf!), knistert, wenn man es faltet, diese anmutige Leichtigkeit, mit der es zu Boden segelt, wenn man es fallen lässt. Wie gern hätte ich gelegentlich Geld fallen gelassen, aus reinem Übermut. Wenn es Geld nicht gäbe, man hätte es für mich erfinden müssen. Ich hätte es wahrscheinlich selbst erfunden.

Von meinen Eltern hatte ich das nicht. Im Gegenteil, meinem Vater war Geld geradezu suspekt. »Das ist doch letztlich nur bedrucktes Papier«, brummte er, nuckelte an seiner Pina Colada und zupfte sein Hawaii-Hemd zurecht.

Er war nicht immer dem Späthippie-Idyll verfallen. Gern denke ich daran, wie er mit ungewohnt kreativen Anlagemodellen der Familie innerhalb weniger Monate nicht geringen Wohlstand verschafft hatte.

Eines Tages war er gerade von einem geselligen Abend im Golfclub gekommen, als es an der Haustüre klingelte.

Gut gelaunt und etwas angeheitert rief mein Vater: »Herein, wenn es nicht die Steuerfahndung ist!«

Nun, es war die Steuerfahndung. Und irgendwann in den folgenden drei Monaten Untersuchungshaft muss mein Vater für sich zu der Erkenntnis gekommen sein, dass Geld allein nicht alles sein kann. Jedenfalls erfreute er seinen Richter mit einem kleinen Terrakotta-Männchen, das er selbst im Gefängnis getöpfert hatte. Und da sowohl meine Mutter als auch seine Schwiegereltern unisono bezeugten, dass mein Vater in den Wochen vor seiner Verhaftung vollkommen überarbeitet und davon abgesehen sowieso ziemlich gaga gewesen sei, verhängte der Richter noch Bewährung.

Für meine Eltern war das der Auftakt zu einem offenbar nie enden wollenden Sommer der Liebe. Oder so ähnlich. Und da passte meine Zuneigung zu Geld nicht wirklich hinein.

»Geld bedeutet Unabhängigkeit«, beteuerte ich.

Mein Vater schüttelte den Kopf: »Hast du jemals am Strand von Goa den Sonnenaufgang beobachtet, wenn um dich herum zwölf halbnackte Hauswirtschaftslehrerinnen tibetanische Fruchtbarkeitstänze vollführen? Das bedeutet Unabhängigkeit.«

Ich kannte einige dieser Hauswirtschaftslehrerinnen und legte weder Wert darauf, diese Bekanntschaft zu vertiefen, noch selbige bei halbnackten tibetanischen Fruchtbarkeitstänzen zu erleben.

All das war aber keine Erklärung, dass meine vielversprechenden finanziellen Transaktionen noch nicht den gewünschten Erfolg hatten. Ich verstand nicht, was schief gegangen war. Immerhin war ich im Kindergarten einer der wenigen Vierjährigen mit Bausparvertrag. Und es hat vor mir wahrscheinlich nicht viele Neunjährige mit eigenen Aktien gegeben. Genützt hat das alles nichts.

Von meiner Cousine Edeltraut, die nach einem spirituellen Erweckungserlebnis nur noch Cosma Shiva Ghandi Prabatta Singa Alabatta Oona genannt werden will, erhielt ich zum 18. Geburtstag einen dicken, lächelnden Messing-Buddha. Er sollte mir Glück und Reichtum bringen. Nett gemeint, aber nichts, womit man bei Internet-Auktionen wirklich eine gute Figur machte.

Meine andere Cousine Gabrielle, die sich nach einem unbedeutenden chirurgischen Eingriff jetzt Justin nennt, riet mir hingegen zum regelmäßigen Konsum von Doppelkorn, um die gefährlichen Nebenwirkungen geregelter Arbeit nicht zu unterschätzen.

»Daran verschleißt man«, betonte er. Oder sie.

Mir brauchte man damit nicht zu kommen. An dem Tag, als ich erwachsen wurde, entschied ich mich, auch reich zu werden. Und dann passierte die Sache mit Onkel Rüdiger.

Er setzte sich bei meiner Geburtstagsfeier neben mich, drückte mir ein Glas Sekt in die Hand und sagte: »Du bist jetzt also volljährig und damit voll geschäftsfähig.«

Ich nickte stumm. Es war einfach nur traurig. Mein Onkel räusperte sich: »Nun, das trifft sich gut. Dann kannst du mir ja kurz 500 Euro leihen.«

Mein Onkel ist das einzige Mitglied der Familie, das sich *Unternehmer* auf Visitenkarten drucken ließ. Tatsächlich war es sein geschäftliches Geschick, das uns die Bekanntschaft und die langwährende Zuneigung der örtlichen Inkasso-Unternehmen sicherte. Unvergessen waren seine Bemühungen, in seinem Schrebergarten nach Öl bohren zu lassen. Tatsächlich wurde er fündig, auch wenn es nicht sehr hilfreich war, dass er mit dem Tiefenbohrer ausgerechnet die örtliche Fernwärmeleitung angezapft hatte. Und ist es nicht fast schon tragisch, dass ausgerechnet sein Buch *Hoppla, schon wieder pleite – Ein Ratgeber für Geschäftsleute und Privatpersonen mit finanziellen Erfolgsreserven* so gut ankam, dass er später von den Honoraren einen großen Teil seiner Verbindlichkeiten bezahlen konnte? Dann sagte er gerne Sachen wie: »Geld allein ist nicht alles. Aktien, Immobilien und Schuldverschreibungen gehören auch dazu.« Eine Einstellung, die meine Tante bei der Scheidung sehr zu schätzen wusste.

Natürlich kamen wir ins Plaudern und ich klagte ihm mein Leid. Er war zuerst enttäuscht, dass er mich nicht anpumpen konnte. Dann hatte er aber jede Menge guter Tipps für mich:

»Also, wenn dir deine Gläubiger im Nacken sitzen, verstecke dich niemals in Mülltonnen. Die könnten geleert werden.« Er riet mir auch, niemals Osteuropäer, Italiener oder Chinesen anzupumpen (»Die Brüder haben einfach keinen Sinn für Humor.«) Dazu wechselten sich unsterbliche Weisheiten wie »Ein zweiter Reisepass ist nie verkehrt« ab mit Finessen wie: »Lieber mal eine kleine Sauerstoffflasche im Bettkasten bunkern. Man weiß nie, wie lange man sich da verstecken muss«.

Immerhin war mein Onkel einer der wenigen Menschen, die den Text des Offenbarungseides auswendig aufsagen konnten. Da gab es noch ganz praktische Tipps: »Klebereste vom amtlichen Pfandsiegel (»Kuckuck«) lassen sich leicht mit etwas Geschirrspülmittel entfernen.«

Und irgendwann während dieser Feier zu meinem 18. Geburtstag erkannte ich meine wahre Bestimmung: Es ging nicht darum, selbst reich zu werden, sondern aus dem reichen Fundus meines chronisch klammen Onkels zu schöpfen. Und deshalb wurde ich Gerichtsvollzieher.

Zu ersten eigenen Million hat es immer noch nicht gereicht, dafür ist viel Geld durch meine Hände geflossen, die Barschaft von manch armen Sünder oder auch von abgebrühten Gaunern. Mir kann keiner etwas vormachen, denn ich hatte den besten Lehrmeister in der Familie. Auch bei meinem Onkel kassiere ich hin und wieder noch einmal ab. Nicht, weil er wirklich pleite wäre, sondern weil er aus alter Sentimentalität manche Rechnungen einfach nicht bezahlt.

Eine schwierige Beziehung oder Mein erstes Auto

Er sah furchtbar aus, hatte überall Narben und Tätowierungen, stank ständig und soff ununterbrochen. Kurzum, er benahm sich unmöglich und natürlich war es mir peinlich, mit ihm gemeinsam in der Öffentlichkeit gesehen zu werden. Aber er war nun mal mein erster eigener Kleinwagen und in seltenen Momenten war ich auch ein bisschen stolz auf ihn.

Zugegeben, Liebe auf den ersten Blick war es nicht. Kaum 18 geworden, sah ich mich schon am Lenkrad eines flotten Cabrios, mit etlichen Pferdchen unter der Haube und einigen Extras. Dann sah ich auf meinen Bankauszug und ahnte, dass ich mir mit meinen finanziellen Möglichkeiten allenfalls ein gebrauchtes Damenrad erlauben konnte.

Unter diesen Vorzeichen war Horst meine einzige Chance. Keine sehr angenehme Vorstellung, denn Horst war berüchtigt. Wo andere Autohändler ein Herz hatten, ratterte bei ihm ein verbrauchter 1,8-Liter-Dieselmotor. Ein wirr behaarter älterer Mann, der um sich stets das dezente Odeur von Altöl und abgestandenem Diesel verbreitete.

Er hielt auf einem Schrottplatz am Rande der Stadt Hof und gewährte mir nur zögernd eine Audienz. Hartnäckig hielt sich das Gerücht, dass Horst mehrere Jahre mit einem gut erhaltenen Opel Admiral verlobt war. Die Beziehung scheiterte angeblich, weil er sich heimlich auch für französische Sportwagen interessiert hatte. Man kennt diese Geschichten.

Horst verband seine innige Liebe zum Automobil mit einem ausgesprochenen Geschäftssinn. Außerdem erkannte er auf den ersten Blick, wenn jemand ohne Ahnung von Autos vor ihm stand. Das war in diesem Fall ich. Als ich ihm andeutete, mit einem soliden Gebrauchtwagen zu liebäugeln, war mein Schicksal besiegelt.

Horst grinste verschmitzt: »Ich habe die Lösung für all deine Probleme.«

Er führte mich zu einer abgelegenen, schlecht ausgeleuchteten Ecke seines Schrottplatzes und zog dort eine verwitterte Plane zur Seite: »Na, ist das nicht ein Schmuckstück?«

Nein, war es nicht. Ganz gewiss nicht. Im Gegenteil, ein Haufen verrostetes Blech und schimmelndes Plastik, Bananenkisten, ausgefranste Polster, halb verweste Ratten auf dem Armaturenbrett, daneben die Reste von ein paar alten Tageszeitungen, die mit üppigen Schlagzeilen die erste Mondlandung verkündeten. Nichts an diesem Etwas schien den Begriff Auto zu rechtfertigen.

Horst sah das naturgemäß anders: »Alter, ich sag dir, das ist ein Schnäppchen! Du kriegst viel Auto fürs Geld. Du weißt doch, Autokauf ist Vertrauenssache.«

Da hatte er allerdings Recht, was mir in dieser Deutlichkeit allerdings erst etliche hohe Rechnungen später aufgehen sollte. Damals zögerte ich noch.

»Werden Autos denn nicht mit vier Rädern ausgeliefert?«, fragte ich schüchtern.

Horst sah mich wichtig an: »Exklusives Sondermodell! Deshalb ist der auch so günstig.«

»Und du bist sicher, dass da ein Motor drin ist?«, hakte ich besorgt nach.

Er winkte ab: »Dem Motor geht es blendend, der schwimmt sogar im Öl. Das ist ein gutes Zeichen.«

Er schwadronierte weiter: »Es handelt sich um ein bewährtes Modell, sein Vorgänger wurde bereits vor dem Krieg gebaut.« Um welchen Krieg es sich handelte, verriet er mir nicht. Ich vermute, es war der Dreißigjährige.

Ein Muster an Zuverlässigkeit sei das Auto, pries er. Daran dachte ich später immer, wenn ich die Pannenhilfe des Automobilclubs in Anspruch nehmen musste. Den Straßenwachtfahrer für meinen Bezirk lernte ich bei den vielen Einsätzen so gut kennen, dass wir uns über die Jahre unsere intimsten Geheimnisse anvertraut haben.

Doch damals hielt ich mich noch mit Äußerlichkeiten auf: »Horst, die Karosserie ist doch Rost pur.«

»Eben!«, strahlte Horst stolz, »der Rost macht die Karosserie überhaupt erst robust. Der hält alles zusammen. Denk immer dran, in diesem unscheinbaren Stück Metall steckt die Weisheit einer ganzen Hundertschaft japanischer Ingenieure!«

Daraufhin machte ich vorsichtshalber die Motorhaube auf. Es hätte ja sein können, dass dort noch die Überreste eines dieser japanischen Ingenieure lagen. Ich gebe zu, Asiaten waren mir damals etwas unheimlich.

Mein Zaudern beleidigte Horst: »Mensch, Alter, denk doch mal an all die Extras!«

So lobte er noch die innovative Fußraum-Heizung, bei der die Motorwärme dank durchgerostetem Bodenblech direkt auf die Unterschenkel durchkam. »Scheibenwischer sind ja auch so ein Luxus«, fand Horst und ich stimmte ihm zu. Natürlich hatte ich mich längst geschlagen gegeben: Ich kratzte mein letztes Geld zusammen und kaufte das Auto. Und selbst das schallende Gelächter in der Kfz-Zulassungsstelle hat mich nicht zweifeln lassen. Noch nicht. Schließlich hatte ich einen langen Weg hinter mir. Zweimal musste ich die Fahrprüfung ablegen. Natürlich ist es etwas ungerecht, dass man automatisch durch die Führerscheinprüfung fällt, nur weil man mal einen Radfahrer anfährt. Wie häufig kommt das denn im Verkehrsalltag schon vor? Mein Fahrlehrer warb damit, dass er seine Ausbildung während des Russlandfeldzugs erhalten hat. Sein herzlich gebelltes »Pass doch auf, du Volldepp!« bereicherte schon bald meinen Wortschatz.

Sein Blutdruck war hoch, seine Reizschwelle niedrig. Vergaß ich beim Abbiegen den Blinker zu setzen, gab es einen Rippenknuff, ein vermasseltes rückwärts Einparken wurde mit einem ruckartigen Zupfen an meinem Ohr sanktioniert. Schließlich hatte sich die ganze Mühe ja gelohnt. Ich hatte meinen Führerschein und meinen ersten eigenen motorisierten Untersatz. Jedenfalls, wenn man die Dinge nicht so eng sah.

Ich dachte, es sei als frisch gebackener Autobesitzer leichter, Frauen kennen zu lernen. Also ließ ich während der Fahrt lässig den Ellenbogen aus dem Seitenfenster heraushängen. So fiel wenigstens nicht auf, dass die Seitenscheibe fehlte. Das ging so lange gut, bis ich mit dem Ellenbogen bei nicht unerheblichem Tempo im Vorbeifahren einen Abfallcontainer touchierte. »So etwas habe ich ja noch nie gehört«, gestand mir die Ärztin in der Notaufnahme, die mich anschließend eingipste.

Nach meiner Genesung versuchte ich mein Glück bei Gabi Kampmann, die damals bei der Wahl zur *Miss Nutzvieh- und Geflügelmast* unseres Landkreises immerhin unter die letzten Fünf gekommen war. Ich sprach sie vor der Schule an: »Na Gabi, wie ist es, kleiner Ausflug?« Sie sah an mir und meinen Wagen herunter. Dann lächelte sie mich an, kam auf mich zu und drückte mir einen Euro in die Hand: »Süß. Hier, kauf dir erst mal ein Eis.« Dann ging sie weg, während ihre Clique in heftiges Kichern ausbrach. Ich entschied, den Vorfall nicht als Zurückweisung zu interpretieren.

Es ist ja nicht so, dass ich mein Auto nicht waschen wollte. Ich fuhr es durch eine Waschstraße und kurz darauf zeigte sich an Stellen, wo zuvor immerhin noch Reste einer farbartigen Substanz waren, das blanke Blech.

»Das hätte ich dir sagen sollen«, gab sich Horst zerknirscht, »Wasser ist für dieses Auto ganz schlecht.«

Eines Abends stahlen Diebe das motorisierte Schmuckstück. Die tiefe Dunkelheit einer nebeligen Neumondnacht ist die einzige Erklärung für diese Tat. Wer dieses Auto je bei Tageslicht gesehen hat, der klaut es nicht. Meine Trauer hielt sich in Grenzen und ich freute mich auf den Scheck der Versicherung. Umso größer war mein Erstaunen, als das Fahrzeug am nächsten Morgen wieder an seinem gewohnten Platz vor dem Haus stand. »Tut uns leid, aber selbst wir haben gewisse Ansprüche«, schrieben die Autoknacker auf einem Zettel. Immerhin hatten sie einen Ölwechsel durchgeführt, die Reifen nachgepumpt und den Innenraum ausgesaugt.

Fast drei Jahre waren wir zusammen. Irgendwann mochte ich die zahlreichen poetischen Momente, die mir mein Auto bescherte, zum Beispiel immer dann, wenn an einer Ampel mit einem leisem *Plopp* der Auspufftopf herunterfiel. Und das kam eigentlich an jeder Ampel vor. Außerdem hatte ich viele interessante Menschen kennen gelernt, indem ich sie in Auffahrunfälle verwickelte. Seitdem vermeide ich Bremsen mit dem Zufallsfaktor.

Dann, an einem schönen Frühlingsmorgen, kam eine Fahranfängerin von links, während ich an einer Ampel wartete. Das Mädchen verschätzte sich in der Kurve und rutschte frontal in die Seite meines inzwischen hochbetagten Begleiters. Ich blieb bei dem Wrack, bis der Vergaser mit einem rasselnden Geräusch seinen Atem aushauchte. Es ließ mich nicht ungerührt. Ich brachte die Reste persönlich zum Schrottplatz, wo sie zu einem handlichen kleinen Metallwürfel zusammengepresst wurden. Er steht heute noch in meinem Partykeller.

Inzwischen fahre ich andere Autos, aber so richtig glücklich wie früher bin ich nicht mehr. Nie werde ich vergessen, wie ich in meinem letzten Neuwagen versehentlich an die elektrische Sitzverstellung gekommen bin und prompt im Fahrersitz gewissermaßen zusammengefaltet wurde. Der Sitz – mit mir dazwischen – musste in einer Fachwerkstatt ausgebaut werden. Das wäre nicht das Problem gewesen, hätte ich nicht vorher die elektrische Zentralverriegelung aktiviert. Und irgendwann muss man ja doch atmen, besonders, wenn man in einem Sitz aus echtem Büffelleder eingeklemmt ist.

Frühe Arbeiten
Texte aus den 1990er Jahren

Heini Krottenkötter, die literarische Stimme des Sauerlands
Leben und Werk

Heribert, genannt »Heini« Krottenkötter, geboren 1948 (nach anderen Angaben 1946) in Klein-Olzenich (Kreis Olzenich/Streif, Südl. Sauerland). Besuch der Volksschule in Groß-Olzenich. In der dortigen Schülerzeitung *Feldblume* veröffentlicht Heini erste Kurzprosa (u.a. *Ein Tag am Baggersee, Schützenfest in Ilsendorf, Unsere Freiwillige Feuerwehr;* später gesammelt im Band *Frühe Prosa*, Reinbek 1982). In diese Phase fallen auch erste lyrische Versuche: »Unser Lehrer Wallemann / hat gern 'nen dunklen Anzug an, / lehrt uns Mathe und Physik/ und ist um die Hüfte dick«. Hier zeigt sich bereits die für Krottenkötter typische Neigung zur geschlossenen Form, gepaart mit aufmüpfigem Inhalt, was, wie wir alle wissen, später sein Markenzeichen werden sollte. Krottenkötter blieb seinen Mitschülern weniger wegen seiner literarischen Aktivitäten, als wegen seines hartnäckigen Mundgeruchs in besonderer Erinnerung.

Nach dem Volksschulabschluss folgte eine Tischlerlehre in Ilsendorf-Kremps, der sich der Grundwehrdienst in Rothenburg an der Wümme anschloss. Aus dieser Zeit sind bis auf einen zwölfzeiligen Leserbrief an eine lokale Kirchenzeitung keine literarischen Texte erhalten. In dieser Phase scheint sich Krottenkötter aber zu entschließen, nach dem Absolvieren des Wehrdiensts nicht ins heimische Sauerland zurückzukehren, sondern in die Metropole Berlin zu ziehen. Dort gerät er in die studentische Bohème, wo er als Arbeiter und Sauerländer ein begehrter Exot ist. Er findet Arbeit in einer kleinen Werkstatt in Lankwitz. Krottenkötter freundet sich mit Andreas Baader an, dem er mit dem Gedicht-Zyklus *Andy* Jahre später ein umstrittenes Denkmal setzen wird. Auch hat er eine heftige Affäre mit Baaders damaliger Zimmerwirtin. Krottenkötter arbeitet dieses Erlebnis Jahre später im unverfilmten Film-Treatment *Drei Schwedinnen auf Lesbos* literarisch auf. Er fängt an, systematisch zu schreiben, veröffentlicht sporadisch in diversen Journalen. Es folgt eine Einladung zur Mitarbeit an der Anthologie *Knüppelschaltung*, doch keiner von Krottenkötters Texten wird in den Band aufgenommen. Er rächt sich, indem er den verantwortlichen Herausgeber verprügelt und ihm die Freundin ausspannt. Zu diesem Zeitpunkt kann man seine Assimilation an die Großstadt bereits als abgeschlossen betrachten.

Sein erster Lyrikband *Ins Knie gefickt – 33 frische Gedichte* erscheint in einem Berliner Avantgarde-Verlag. Die Texte reflektieren die wütende Auseinandersetzung Krottenkötters mit der römischen Kurie. Exemplarisch für den Moloch Kirche dient ihm der lokale Klerus in Klein-Olzenich. Von *Ins Knie gefickt* werden zwölf Exemplare verkauft, was das Bändchen zum erfolgreichsten der drei Titel umfassenden Verlagsproduktion macht. Der Nachfolgeband *Sackratten – Prosafragmente*, in dem sich Krottenkötter über die Beziehung zu seinem nur Mundart sprechenden Vater klarzuwerden versucht, wird im Rahmen einer Satiresendung des WDR verrissen. Es folgen zwei unbedeutende längere Prosa-Arbeiten, die Krottenkötter bei der berüchtigten Olympia Press veröffentlicht.

Heini zieht mit der Studentin Veronika Kessler zusammen, die von ihm ein Kind erwartet. Die Gedichtbände *Hosenträger* und *Knautschzone* dienen dazu, seine Anhängerschaft in Berlin zu vergrößern. Zwei Jahre nach der Geburt seines Sohns Hans-Wladimir entschließt sich Krottenkötter endgültig für eine Existenz als freier Schriftsteller. Er zieht sich aus der pulsierenden Studentenbewegung zurück. Es folgt eine Phase der Verinnerlichung (siehe auch den Band *Fensterputzen – Prosa und Balladen*). Seine Frau arbeitet in einem Büro des Senats, er selbst bessert die Familienkasse durch die erfolgreiche Teilnahme an Skatturnieren auf. Er schreibt – mit mäßigem Erfolg – hauptsächlich für die Jerry-Cotton-Reihe und Kurzkrimis für Illustrierte.

1968 ist Heini Krottenkötter wieder voll da. Er trennt sich von Frau und Kind und kehrt zum intensiven Lebensstil früherer Jahre zurück. Seine Frauenbekanntschaften sind legendär, ebenso seine Leberwerte. Sein Band *Ullas Vulva – Liebesgedichte* erhält den Sacher-Masoch-Literaturpreis und wird indiziert.

Zu diesem Zeitpunkt werden die ersten großen Verlage auf ihn aufmerksam. Er veröffentlicht in renommierten Literaturzeitschriften und erscheint im Nachtprogramm der Rundfunkanstalten. Unter Pseudonym verfasst er Texte für Udo Jürgens und Willy Brandt. Sein erster Roman *Kerzenhalter* erscheint in einem renommierten Frankfurter Verlagshaus und wird vom der *Zeit* wohlwollend, von der FAZ vernichtend und vom *Spiegel* überhaupt nicht wahrgenommen.

Es folgen umfangreiche Reisen nach Indien, Südamerika und in die Niederlande. (Siehe *Montezumas Rache – Gesammelte Reisetagebücher*, Reinbek 1982.) Krottenkötter befindet sich in einer Phase höchster Produktivität. Das abendfüllende Schauspiel *Warum hast du die Pille abgesetzt?* muss bereits am Premieren-Abend nach einem Suizidversuch der Souffleuse vom Spielplan genommen werden.

Im Bändchen *Kaffee-maschine* setzt er sich zum ersten Mal bewusst mit dem Kommunismus auseinander. Bei der Buchmesse sorgt er für einen Skandal, als er der Frau eines bekannten Unionspolitikers in den Ausschnitt greift. Seine in einem Interview ge-machte Äußerung, Hitler sei schließlich auch ein guter Katholik gewesen, wird von der katholischen Kirche kritisch kommentiert.

Rainer Werner Fassbinder duzt ihn, Günter Grass leiht ihm Pfeifentabak. Sein zweiter Roman *Lüsterklemme* wird zum Erfolg bei Lesern und Kritik. Er wird Stadtschreiber von Mülheim-Kärlich. Das szenische Oratorium *Roswitha – Ballade einer Landhure* wird im Rahmenprogramm der Bayreuther Festspiele aufgeführt. Alle Türen scheinen ihm offen zu stehen. Doch dann kommt es zur Krise.

Der Kurzroman *Pissnelke* scheint ein anachronistischer Rückfall in wilde Jugendzeiten und überzeugt nicht. In der traditionell vernichtenden Kritik in der FAZ wird sogar der Autorenname falsch geschrieben. Wie viele desillusionierte Intellektuelle schließt sich Krottenkötter der Bhagwan-Bewegung an und setzt sich nach Indien ab. In den nächsten Jahren ist keine literarische Produktion belegt, auch wenn einige Wissenschaftler meinen, Krottenkötter als Co-Autor des *Großen Bhagwan-Kochbuchs* identifiziert zu haben (für das Gericht *Soja-Canneloni*).

Anfang der achtziger Jahre ist Krottenkötter wieder da. Unbemerkt von der Öffentlichkeit war er ins heimische Sauerland zurückgekehrt. Der heitere Familienroman *Unsere liebe Lisbet* dokumentiert den dauerhaften Rückzug ins Private und wird, wie wir alle wissen, gerade vom ZDF verfilmt. Krottenkötter, der inzwischen auch als Herausgeber des Bandes *Mein Olzenich – Ein Dorf im Wandel der Zeit* (Heimatverein-Eigenverlag) hervorgetreten ist, lebt inzwischen wieder mit Frau und Kind zusammen. Für nächstes Frühjahr ist der zweite Band der Familienroman-Trilogie, *Lisbet, meine Lisbet* angekündigt. Heini Krottenkötter – ein Autor, mit dem wieder zu rechnen ist.

Don Quichotte – updated

Die Nacht war zu kurz für Don Quichotte. Der Ventilator dreht sich träge unter der Decke, die wenigen Sonnenstrahlen, die es durch die Jalousien schaffen, spiegeln sich in ihm und werden an die Decke geworfen. Der Ventilator sei jenem aus *Casablanca* nachgebaut, verspricht die Werbung, an die Don Quichotte zu glauben hat. Don Quichotte zweifelt nicht, denn die Menschen sind gut. (Ob man das so stehen lassen kann?)

Don Quichotte ist ratlos. Neben ihn im Bett liegt ein Mädchen. Sie liegt auf dem Bauch, nackt bis zum Po, die schaumgetönten Haare dekorativ über das Kissen gegossen. Tausende kleine blonde Haare auf ihrem Rücken bewegen sich im Luftzug des Ventilators und Don Quichotte ist froh, dass jenes Mädchen davon nicht aufwacht. Apart, wie sie so daliegt… Ihre Rückenmuskeln werden furchtbar verspannt sein, doch das kümmert Don Quichotte nicht. Sie scheint wie einem Kosmetik-Werbespot entstiegen, einem jener Art, in denen Teenagerinnen sich für Frauen um die Vierzig ausgeben; mit treuem Augenaufschlag beteuern sie, dass nur eine bestimmte Essenz ihre Haut vor dem Verwelken schützt.

Don Quichotte sieht das Mädchen, registriert es. Er bräuchte nur seine Hand auszustrecken, um es zu berühren. Doch Don Quichotte streckt seine Hand nicht aus, immer noch ist er ratlos. Zugegeben, das Mädchen war charmant und unkompliziert, dennoch hätte er sie nach ihrem Namen fragen können.

Wie auch immer... Aus dem Radio tönen die frühen Beatles, werden abgelöst von einer Reklame für Frühstücksflocken; Don Quichotte schreibt den Namen auf. Kurz darauf steht er unter der Dusche, das Wasser läuft nur schlecht ab und der heiße Dampf rötet seine Haut. Danach trainiert Don Quichotte mit Edelstahlgewichten, um seine Vorhand zu verbessern, das Duschgel brennt auf der Haut. Schließlich verlässt Don Quichotte das Badezimmer, eine Wasserspur hinter sich herziehend, aber nun tatsächlich wach geworden. Don Quichotte erspart sich nicht sein Spiegelbild. Manchmal wünscht er sich, seine Blinddarmnarbe würde ihn interessanter machen, doch tief in seinem Inneren ahnt er, dass er nie auf das Titelblatt von *Working Out* kommen wird. Nackt mustert er sich, im Radio hat Eddie Cochrane den *Summertime Blues* und Don Quichotte fühlt mit ihm. Der Ritter von der ganz traurigen Gestalt öffnet die Spiegelwand, das Sortiment Unterwäsche ist vorsortiert, die Jeans sind obligatorisch, ebenso das Polohemd mit dem Alligator auf der Brust. Eine kurze, leidenschaftsarme Affäre mit einer ghanaischen Stewardess brachte ihm einen größeren Posten dieser Hemden ein, zollfrei mitgebracht aus dem Duty-free Shop von Shiphol.

Beziehungen sind alles, denkt sich Don Quichotte. Keiner ist da, der ihm widerspricht. Das-Mädchen-für-eine-Nacht schläft noch (Don Quichotte registriert es dankbar.) und der Radiosprecher erzählt zum zehnten Mal die Geschichte der Portugiesin, die in der Gondel eines Fesselballons Zwillinge warf.

So bleibt Don Quichottes Frühstück ungestört, spartanisch wie immer. Ein halber Liter Multi-Vitaminsaft, von dem er immer Magenschmerzen bekommt, ein Vollkornriegel, fünf Löffel Eiweißkonzentrat. Um diese geballte Ladung Gesundheit zu relativieren, zum Abschluss noch zwei filterlose Zigaretten. Der Tag fängt gut an für Don Quichotte. Die Bedürfnisse des Körpers sind befriedigt, er kann sich den Bedürfnissen des Geistes zuwenden. Don Quichotte sucht und findet seine Notizen:

»Nahm ich die U-Bahn? Doch, ich nahm die U-Bahn. Rentner, Straßensänger, die Nachwehen des Winterschlussverkaufs. Mein Zug wartete auf mich, als ich von der Rolltreppe herunterkam. Ein junges Mädchen war die Bahnsteig-Aufsicht, hübsch sah sie aus in ihrer blauen Uniform, sie flirtete mit dem Zeitungsverkäufer und vernachlässigte ihre Pflichten. Die Bahn war gut gefüllt, ich kriegte aber noch einen Sitzplatz, weil ich einem Schuljungen ein Bein stellte. Er fiel hin, sein Ranzen rutschte über die Schulter. Er sah mich wütend an, schien einen Augenblick zu überlegen, ob er heulen sollte, wurde dann aber vom Fluss der Fahrgäste weitergezogen.

Die Bahn beschleunigte. Meine Banknachbarn versteckten sich hinter Quadratmetern Boulevardpresse. Mit gutem Grund: In einer Ecke hatte sich eine Handvoll Punker gesammelt. Sie grölten ein Lied mit einem ebenso kreativen wie obszönen Text, dessen Melodie entfernt an die sowjetische Nationalhymne erinnerte. Einer der Punker übergab sich auf einen Kunststoffsitz. Kurz wehte der Geruch von Bier und irgendetwas undefinierbar Süßlichem durch den Zug. Der Rentner mir gegenüber hatte sich bereits verfärbt.

Zwei Stationen weiter wollte ich wieder aussteigen. Die Fahrkarten-Kontrolleure waren nicht zu übersehen. Sie standen an der Wand der Station und bewegten sich auf die Türen des einlaufenden Zuges zu, leider eine Spur zu unauffällig. Ganz vorn stürmten die Punker hinaus. Die Kontrolleure ignorierten sie. Mich ignorierten sie nicht.

›Ihren Fahrausweis, bitte! Könnten wir mal bitte ihren ...‹

›Ich bin Arzt!‹

›Ja, schon aber…‹

›Entschuldigen Sie, mein Patient wartet, ein Notfall, Sie verstehen…‹

Ich schob den Blauuniformierten beiseite. Hilferufe aus dem stehenden Zug. Die Ratte eines Punkers hatte die Bahnfahrt nicht überlebt. Sie war in einem Gemisch von Stoffwechselprodukten liegengeblieben. Außerdem war eine Rentnerin zusammengebrochen.

Sie hatte mich auf der Rolltreppe eingeholt.

›Ich heiße Sylvia‹, sagte sie.

›Damit wirst du wohl leben müssen.‹

Freundlich, aber cool bleiben, das ist meine Devise, und das erschien mir die geeignete Antwort. Ich bin es gewohnt, dass Frauen mich ansprechen.

›Bist du wirklich Arzt?‹

›Warum fragst du? Bist du krank?‹

Sie lächelte. Karies im Frühstadium, schwacher Zahnschmelz. ›Also kein Arzt.‹

Ich beschränkte mich auf eine vage Handbewegung.« –

Bravo, Don Quichotte. Es ist ja ganz einfach. Er weiß nicht mehr, von welchem Schauspieler er diese Geste abgeguckt hat. War es Belmondo? Oder Delon? Bogart war es nicht, dessen Repertoire verwendet Don Quichotte bei anderen Gelegenheiten.

Jedenfalls hatte Don Quichotte diese bestimmt-unbestimmte Geste dutzende Male geübt, studiert im Videorekorder, Standbild, Zeitlupe, Vorlauf, Rücklauf. Dann hatte Don Quichotte diese Geste drin. Einfach so.

»Ein Schnellimbiss amerikanischer Machart. Sucht man solche Orte auf, wenn man gerade ein weibliches Wesen in der U-Bahn kennengelernt hat? In den Büchern steht nichts darüber. Immerhin könnte sie meine Dulcinea werden. Sylvia hört sich recht ähnlich an.

›Wer bist du?‹, fragte sie – eine Frage, die schon eine gewisse Intelligenz andeutete.

›Ich bin Don Quichotte.‹

›Wer ist denn das? Alter spanischer Adel? Ein Sherry?‹

›Du weißt nicht, wer Don Quichotte ist?‹

Sie las keine Bücher. Wie sollte sie auch? Tragisch, tragisch. ›Don Quichotte ist der, der gegen Windmühlen reitet, die in Wahrheit Riesen sind. Ich mache eine Schafherde nieder, unter uns: Es war die feindliche Reiterei. Immer wieder beziehe ich Prügel um der Ehre meiner geliebten Dulcinea willen.‹

Aber soll ich ihr das verraten? Würde sie es mir glauben? Und, schlimmer noch, würde sie mich durchschauen? Besser nichts riskieren.

Wir machten Konversation. Falsch: Sie machte Konversation – wie man halt Konversation macht: erzählte von Eltern, Bruder, Schwester, ihrer Schwester Kleinkind. Sie lachte viel. Das müsste man ihr abgewöhnen.

Sei getrost, Sancho Pansa, sie kommt nicht an deine Einfalt heran. Aber sie stank auch nicht nach Wein, und der einzige Esel in ihrer Nähe war ich.

Es konnte also tatsächlich Dulcinea sein, auch wenn ihr jetzt Ketchup ins Dekolleté tropfte. Wir haben alle unsere kleinen Schwächen. Aus irgendeinem Walkman sang Edith Piaf, dass sie nichts bedauerte und ich beneidete sie darum. Das Mädchen, das hinter der Theke die Pommes frittierte, war hochschwanger. Sylvia konversierte weiter, während ich mir vorstellte, dass die Bedienung hier im Schnellimbiss niederkommt. Blut, Schleim, ein plärrendes Kleinkind zwischen Softdrinks und Doppelwhopper. Eine reizvolle Vorstellung und optisch bestimmt interessant.

Sylvia schlürfte Luft aus dem Cola-Becher. Dann fragte sie: ›Was bewunderst du?‹

›Den Haarschnitt von Franz Beckenbauer.‹

›Wer ist das?‹

Peinliches Schweigen. Sie benutzte die Gelegenheit, um ihren Vorbau zu justieren.«

Das hättest du ignorieren müssen, Don Quichotte. Du bist Edelmann. Bist du verliebt? Ist sie verliebt? Finde es heraus, Don Quichotte. Sieh, wie weit du gehen kannst. Wird sie keusch bleiben? Und wenn sie keusch bleibt, wird sie aus Überzeugung keusch bleiben oder nur, weil sie ihre Tage hat?

»Ich lotste sie aus dem Schnellimbiss. Es wäre bestimmt stimmungsvoller, auf den Anblick sich selbst verstümmelnder Pennäler zu verzichten. Die Bücher schweigen sich darüber aus, doch instinktiv wählte ich ein kleines Café. Ich bin es nicht mehr gewöhnt, dass man den Tee mit kochendem Wasser aufbrüht, also verbrannte ich mir den Mund. Sie saß mir gegenüber und stocherte im gefüllten Bienenstich. Wenn sie so weitermacht, wird sie in einigen Jahren aus dem Leim gegangen sein. Außerdem redete sie. Was man halt in solchen Situationen so redet.

›Ob das wohl was wird, das mit uns beiden? Wäre doch stark, ich die Monroe, du McQueen.‹

›Aber McQueen ist doch schon lange tot.‹

›Und wenn schon! Die Monroe doch auch.‹ «

Ging das so weiter, Don Quichotte? Ich weiß, du wünschtest dir Rosinante, die alte Schindmähre, auf dass sie dich weg von hier galoppiert. Wenn du das hier durchhältst, erledigst du die Windmühlen mit links.

»Ich wollte zahlen. Die Münzen mit dem Abbild der Kanzler lagen längst auf dem Tisch. An der Wand des Cafés ein Poster von Hockney. Sie redete immer noch. Der Mensch am Nebentisch las im neuesten *Stern*. Das Mädchen auf dem Titelbild war wie meistens nackt. Aus der Distanz konnte ich nicht erkennen, was Gesicht und was Hintern war. Der Unterschied erschien mir auch belanglos. Sylvia redete immer noch. Meine Dulcinea? Mehr und mehr zweifelte ich.«

Halte durch, Don Quichotte. Irgendwann wird auch sie merken, wie das ist, wenn man nur in den Rauch einer Zigarette hineinredet. Lass deine Gedanken schweifen...

»Immer noch dasselbe Café. Es war dunkel geworden. Ich hatte den Korken der Weinflasche in die Kerzenflamme gehalten und schrieb mit dem Ruß auf die Tischplatte. Die Bedienung sah es, aber sie wurde zu schlecht bezahlt, um zu protestieren.

Ich versuchte, mich zu konzentrieren. Darauf das Ehrenwort eines Edelmanns. Doch in meinem Kopf lief ein Videoclip. Mick Jagger sang ein Duett mit einem Waschvollautomaten. Da war Dr. Mabuse, Luis Trenker in einer Talkshow, Dr. Mabuse again, ein Statement des Oppositionsführers, *Rock me, Amadeus*...«

Deine Aufzeichnungen brechen hier ab, Don Quichotte. War es wirklich so schlimm? Was wurde aus Sylvia? Ist sie die Dame deines Herzens geworden? Hat sie ihren Kuchen geschafft? Wie fand die blonde Schönheit in dein Lager? (Ist sie noch da?) Bietet sie den Anlass zur Flucht aus deiner Wohnung, Don Quichotte? Aus Erfahrung klug geworden, meidest du die U-Bahn und greifst zum Rennrad. Auf dem Reifen geschrieben, in der Leuchtschrift der Textmarker, der Name deines edlen Rosses: *Rosinante*.

Hermann Prembella, der Kampfdichter

Wirklich gesehen hat ihn anscheinend niemand. Doch seit fast dreißig Jahren geistert der Name Hermann Prembella durch Kölns literarische Szene. Doch ist Prembella eigentlich Prembella?, fragte noch vor Jahresfrist ein besorgter Rezensent. Obwohl über den legendären Offoff-Poeten zahlreiche Anekdoten kursieren, scheint es kaum jemanden zu geben, der Prembella tatsächlich leibhaftig erlebt hat und darüber zu berichten vermag. Tatsächlich hinterlässt er seine Spuren lediglich in Gestalt von kurzen, handschriftlichen Poesie-Unikaten auf Bierdeckeln, Papierservietten oder Quittungsblöcken. Ein Kölner Kneipier beschreibt Prembella zwar als Mitte sechzig, ziemlich hager, grauer, kurzgeschnittener Haarkranz, um dann doch einzuschränken: »Et könnt' aber auch jemand anders jewesen sein.«

Ein Journalist schildert Prembella als meist gemütlichen, unter Alkoholeinfluss auch latent cholerischen Frührentner mit umfangreicher, ererbter Hausbibliothek. Nach anderen Quellen ist Prembella angeblich Klosterzögling oder Gleisarbeiter bei den Kölner Verkehrsbetrieben. Gemeinsam ist allen Zeugen, dass sie fest von Prembellas Existenz überzeugt sind. Womöglich steckt aber auch ein bekannter Kölner Autor hinter dem Pseudonym Prembella. Es ist schon verdächtig, dass Neuigkeiten zur Person des Autors und Prembellas Texte immer aus einer bestimmten Ecke lanciert werden. Prembella hat sich jedenfalls nie gegen die Anonymität gewehrt. Im Gegenteil, er kultiviert seinen Mythos.

Mit *Mich kennt kein Schwein* wird ein erfreuter Prembella vor einigen Jahren nach seinem Auftritt in einer längst abgewickelten Szenekneipe zitiert. Dabei ist er im Kölner Literaturbetrieb durchaus verwurzelt. »Achgottja, der Prembella...« Dieses Zitat des großen Heinrich Böll ist wohl verbürgt. Dieter Wellershoff sagte hingegen: »Prembella? Kenn ich nicht.« Nach Meinung der großen Prembella-Fangemeinde eine reine Schutzbehauptung.

Mit dem zeitweise äußerst populären *Social Beat* will er nichts zu tun haben, für Prembella ist das »ein ziemlicher Hirnfick«. Stattdessen versteht sich Prembella als »Voll- oder Kampfdichter«. Dabei ist er ein rigider Verfechter der Impuls-Lesung. Seine spontanen Lesungen kündigt er durch kurze, heisere Schreie an. In der Kölner Südstadt ist man diese Auftritte gewohnt, Premballas Poesie-Show wird gutmütig toleriert. Allerdings wurde er in einem renommierten Biergarten auch schon von stämmigen Kellnern abgedrängt. Das eigentlich zum Vortrag bestimmte Sonett wurde so unfreiwillig zum Vierzeiler amputiert.

Premballas Lesungen sind ohnehin lediglich 5-7 Minuten oder zwei bis drei Gedichte lang. Dabei setzt er rücksichtslos seine nicht sonderlich entwickelte Physis ein, indem er Gäste kurz schüttelt oder ohrfeigt, die nicht geneigt sind, ihm ihre ungeteilte Aufmerksamkeit zu widmen. Bevorzugt wendet er sich dabei an eine stärker alkoholisierte Klientel, die seine sporadisch eingestreuten Tätlichkeiten nicht mehr angemessen erwidern kann. Immer wieder greift er Themen aus seinem unmittelbaren Lebensumfeld auf. Rau, ungefiltert und unzensiert gelingt Prembella so die Transkription des Alltags in Gedicht oder Kurzprosa. Ob der von Prembella inflationär benutzte Ausdruck »Arschkopf« allerdings eine bleibende Bereicherung der deutschen Sprache ist, bleibt selbst unter seinen Anhängern umstritten.

Ähnlich unorthodox ist Prembellas Methode, seine Texte zu verbreiten. Neben den Lesungen und den schon erwähnten Serviettengedichten setzt Prembella auf die absolute Kurzform, den populärpoetologischen Einzeiler.

»Rudi Schuricke war nicht alles«, lautet eine der für Prembella typischen Weisheiten, die er in Form von Schmierereien auf Herrentoiletten hinterlässt. Gelegentlich rutscht Prembella dabei ins Pamphlethafte ab: »Geht nicht zum Chinesen essen, die haben's nicht so mit der Sauberkeit« ist doch recht flach oder auch »Mut sei mit den Gottlosen, denn die haben ja sonst nichts, wenn man's genau nimmt.«

Was als spleenige Marotte begann, ist heute durch akademische Weihen geadelt1, was Prembella angeblich »durchaus o.k.« findet. Ein ähnliches Konzept verfolgt Prembella auch bei seinen längeren Prosatexten. Auch hier zeigt sich die typische Neigung zu markanten Überschriften. Unter dem Titel *Sie hatte voll einen an der Klatsche* entwickelte er das facettenreiche Portrait einer jungen Frau. Ziemlich populär ist auch *Kirchlich getraut*, eine recht wirre Masturbations-Phantasie.

Ausgerechnet einer seiner größten Erfolge steht stellvertretend für Prembellas künstlerisches Dilemma. Die Rede ist von dem zumindest im Rheinland häufig zitierten Gedicht *Gepriesen sei dein Eierstock*. Immer wieder reklamierte Prembella die Autorenschaft über dieses zwölfstrophige Poem für sich. Dennoch versagte er die Abdruckgenehmigung für das Gedicht, obwohl es schon mehrfach für Anthologien vorgesehen war.

Überhaupt gibt es wenig Gedrucktes von Prembella. Die Ablehnung durch den bürgerlichen Literaturbetrieb hat bei ihm wie bei vielen Autoren zu einer gewissen Verbitterung

---

1 Nicole Malka: *Der populärpoetologische Einzeiler bei Prembella und Schiederer*. Unveröffentlichte Seminararbeit des FB Germanistik der Universität zu Köln.

geführt: »Wer gedruckt wird, hat schon gelogen«, behauptet der Autor und verweigert sich weitgehend der Publikation.

Allerdings brach Prembella Mitte der achtziger Jahre erstmals mit diesem Prinzip. Er legte unter der Überschrift *mein proktologischer befund* das in Jamben gekleidete Resultat einer an ihm vorgenommen Darmspiegelung als Faksimile in Kölner Kneipen aus.

Damit schien Prembella auf den Geschmack gekommen zu sein. Denn kurz darauf konnte die *edition leptosom* Prembellas ersten und bislang einzigen Gedichtband *Anstands-WAUWAU* vorlegen, eine Aktion, die allerdings von einem gravierenden Finanzproblem des Verlags überschattet wurde. So blieb die öffentliche Resonanz überschaubar, was wiederum Prembellas Vorbehalte gegen den Literaturbetrieb zu bestätigen schien.

Unverdrossen suchte er weiter seine publizistischen Nischen. Für ein Kölner Anzeigenblatt rezensierte Prembella seit den siebziger Jahren Terrence Hill & Bud Spencer-Filme, und zwar mit beachtlichem Enthusiasmus. Überhaupt schien er sanfter geworden zu sein. So veröffentlichte er im vergangenen Jahr in einer Kölner Tageszeitung einen Leserbrief zur Dauerkrise des 1. FC Köln. Dabei schlug er unter Pseudonym ungewohnt leise und mahnende Töne an.

Unentdeckt blieb lange Zeit Prembellas dunkle Seite. So soll er unter dem Mädchennamen seiner Mutter zwei mäßig erfolgreiche Karnevalsschlager getextet haben. Manche unterstellen Prembella auch eine gutbürgerliche Existenz im Stadtteil Longerich. Dort soll er eine gediegene Dreizimmer-Wohnung mit einer Lebensgefährtin teilen. Sie taucht übrigens regelmäßig in seinen Gedichten als »die Schippe« auf. Seiner eruptiven literarischen Produktion tut diese unspektakuläre Existenz offensichtlich keinen Abbruch. Im Gegenteil, Hermann Prembella scheint aktiver denn je. Für das Frühjahr 1997 hat er jedenfalls seine erste reguläre Lesung angekündigt. Dann will er auch mit einem literarischen Schlüsselroman an die Öffentlichkeit gehen. Man darf gespannt sein.

Die Liebe, die Liebe... Eine Yuppie-Ballade

Liebe, sagte Schröder, Liebe ist nur ein Wort. Is' von Simmel, sagte ich und Schröder nickte betrübt. Schaue mich an, sagte er, schaue mich an! Ich schaute ihn an. Er war ein Bild des Jammers und der Wirt des Bistros, das uns Schutz gegen den Frühlingsregen bot, nickte mitleidig. Love, sagte Schröder, love is just another four-letter-word. Is' von Bukowski, sagte ich und Schröder stiegen die Tränen in die Augen. Sieh dich um, forderte mich Schröder auf, wo gibt es noch jenes aufrichtige, intensive, ja unfassbare Gefühl, das noch in der Generation unserer Väter mit dem schlichten Substantiv »Liebe« so unzureichend beschrieben wurde?

Ich konnte seinen Weltschmerz gut verstehen. Marian hatte ihn verlassen, »Maid Marian«, wie er sie nannte, nach der weiblichen Heldin der Robin-Hood-Sage; Robin Hood war er dann natürlich selber, eine Rolle, in der er sich gefiel. Wie auch immer, Marian war zu ihrem Analytiker gezogen, um ihren Vaterkomplex auszuleben; ein Schritt, der mich nicht sonderlich überraschte. Meiner Ansicht nach begann die Krise damit, dass Schröder bei einer Gruppensex-Orgie im Robinson-Club Ibiza bereits nach der zweiten Runde ausschied – eine Geschichte, die Schröder natürlich hartnäckig dementieren lässt. Marian ist durchaus hübsch, trotz leichter O-Beine, die Schröder exotisch fand, schlank ist sie, auch wenn sie ihre aschblonden Haare dem Mysterium der L'Oreal-Schaumtönung verdankt. Marian findet man oft im Fitness-Studio; die Sonnenbank meidet sie seit jüngster Zeit, weil sie dort einmal eingeschlafen ist und deswegen danach stationär behandelt werden musste.

Schröder mochte Marian, ihr Typ passte gut zur Einrichtung seiner Wohnung, aber er liebte sie nicht besonders. Das erleichterte es ihm, die Diskussion ins Grundsätzliche zu ziehen. Der Rotwein tat ein Übriges.

Die großen Vorbilder fehlen, offenbarte mir Schröder mit einer Stimme, dem Wimmern nahe, die großen Vorbilder fehlen völlig. Wir glaubten noch an die Wahrheiten der Postmoderne, die Liebe als Möglichkeit der Existenz eines großen, wahren Gefühls zwischen Aids und Tschernobyl, zwischen Realos und Fundis, zwischen Tina Turner und dem Papst, zwischen Bayern München und Schalke, zwischen...

Der Weltschmerz schüttelte ihn, unschwer zu erkennen, Schröder abonniert die *Neue Zürcher*. Marian ist erfreulicherweise keine reine Zeitgeistschwester. Sie litt sehr unter den Erosionserscheinungen ihrer Bauchtanzgruppe, auch ein Anlass, eine feste Beziehung zu ihrem Analytiker aufzubauen. Ihr Analytiker, natürlich eine Kapazität auf seinem Gebiet, ist leider schon im fortgeschrittenen Alter, aber der Umstand, dass er künstlich ernährt werden muss, stört Marian nicht. Und die aus diesem Umstand resultierenden sexuellen Frustrationen bekämpft sie angeblich erfolgreich mit dem Tantra. Schröder schluchzte inzwischen haltlos, hatte kaum noch Kraft, »Noch 'nen Buschuläh« zu rufen. Schröder weint übrigens schnell, egal, ob ihm morgens der Toast anbrennt, streunende Hunde an sein Kraftfahrzeug urinieren oder er beim Pepsi-Test durchfällt. Die Liebe ist tot, flüsterte er mit umwölktem Blick, tot, tot, tot. Tot wie Elvis, tot wie das Kino, tot wie die Nordsee, tot wie die Hose. Es gibt sie nicht mehr, man hat sie ans Bayer-Kreuz genagelt. Schröder versuchte vergeblich, sich zu sammeln.

Und weißt du, wer daran schuld ist, fragte mich Schröder. Ich wusste es, aber das hielt ihn nicht auf. Die Industrie, fing er an, ja natürlich, die Industrie, die Kirchen, die Parteien, und – er zögerte, zu schmerzlich war die Erkenntnis – ja, und auch die Gewerkschaften. Die Wucht dieser Offenbarung schien ihn schwer zu treffen, er heulte auf, der Wirt des Bistros zog besorgt die Augenbrauen zusammen.

Schröder lief dessen ungeachtet zu Hochform auf. Warum, fragte er mich mit fast tonloser Stimme, warum? Plötzlich packte er mich am Kragenaufschlag: Weißt du, dass alle zwei Sekunden ein Kind verhungert? Ja, erwiderte ich so gefasst wie möglich. Alle zwei Sekunden, wiederholte Schröder, er war wirklich schwer angeschlagen. Immerhin suchte er jetzt einen Ausweg aus der Krise. Was soll ich tun, fragte Schröder, grundsätzlich nur rhetorisch. Soll ich konvertieren? Mein Girokonto auflösen? Zum Bhagwan gehen? Nicht zum Bhagwan gehen? Den Kursus *Kochen für Junggesellen* bei der Volkshochschule belegen? Mich in der Friedensbewegung engagieren? Soll ich den Buddhismus entdecken? Oder vielleicht doch den Shintoismus? In die Junge Union eintreten? Aus dem ADAC austreten? Eine American Express-Karte beantragen? Die Tageszeitung wechseln?

Nun gut, ich bin Schröder verpflichtet, er sorgte damals für meine Aufnahme in den Tennisclub, auch ansonsten ist er mein Freund. Die nächsten zwei Stunden wurden hart. Schröders Ansatz war seine gescheiterte Beziehung, egal, ob er nun die Krise des Sozialismus analysierte, die Hoffnungen des HSV auf die Meisterschaft nährte, oder die Exportchancen von Volkswagen auf dem amerikanischen Markt beurteilte. Die Liebe, sagte Schröder mal hoffend, mal resignierend, die Liebe…

Irgendwann nutzte ich die Gelegenheit zu einem Telefongespräch. Vor drei Monaten hatte ich sie kennengelernt, jetzt suchten wir die Möbel für die gemeinsame Wohnung aus. Ich hatte sie direkt an der Leitung. Sie war beschäftigt, aber ich fühlte mich gut, als sie sagte, dass sie sich auf den gemeinsamen Abend freut. Ich blickte über die Schulter hin zu Schröder, der nur noch hilflos mit den Armen ruderte. Ich liebe dich, flüsterte sie durch das Telefon, als ob sie Angst hatte, dass es Unbefugte hören könnten. Jetzt fängst du auch noch an, sagte ich. Und sie lachte.

Bibliografische Nachweise der Erstveröffentlichung*

Der Babytätowierer. 1. Preis beim Leverkusener Short-Story-Wettbewerb 2017, veröffentlicht u.a. auf der Homepage der Stadt.
Der Lottospieler. In: *Was glaubst du, wer du bist?* (Herder 2020)
Bruder. In: *Trashpiloten* (Reclam Leipzig 1997)
Freier Fall. jederArt – Zeitschrift für Literatur, Essen, Jg. unbek.
Durchreise. Unbek.
Shitstorm auf der Hundeswiese. Die Tageszeitung *Wahrheit*, 2.5.2017
Bärchenwurst forever. Die Tageszeitung *Wahrheit*, 8.7.2020
Perverse Schrippen. Unbek.
Der Müffler. 4. Platz beim Schreibwettbewerb des Konkursbuch Verlags Claudia Gehrke, veröffentlicht in *Mein heimliches Auge XXX* (Tübingen 2015)
Bornholm 81. In: *Mein heimliches Auge XXXV.* (gekürzt) konkursbuchverlag (Tübingen 2020)
Das Ritual. In: *Mein heimliches Auge XXVII.* konkursbuchverlag (Tübingen 2013)
Spiegelei mit Speck. Unbek.
Der goldene Schuss. In: *Jagdfieber in Franken.* Iatros-Verlag (Sonnefeld 2019)
Die heimtückische Veganer-Klatsche. In: *Tatort Wardenburg.* (ebenda 2017)
Die Nächste bitte! (sollte 2010 in einem Verlag erscheinen, der noch vor Drucklegung insolvent wurde.)
Endlich 18. Tomus Verlag 2005

---

* Bei einigen Texten lassen sich die Erstveröffentlichungsorte nicht mehr ermitteln.

Heini Krottenkötter, die literarische Stimme des Sauerlands. Süd-
stadt-Kurier 1986
Don Quichotte Updated – erstmals veröffentlicht in: *Eiszeit-
Heißzeit* (Goldmann Verlag 1988)
Hermann Prembella, der Kampfdichter. Deutsche Welle 1990
Liebe, sagte Schröder. Reader zum Gladbecker Satirepreis 1987

Inhalt

IRGENDWAS IST IMMER
Der Babytätowierer	7
Der Lottospieler	11
Bruder	18
Freier Fall	21
Durchreise	27

KOLUMNEN
Shitstorm auf der Hundewiese	33
Bärchenwurst forever	36
Perverse Schrippen	39

SEX
Der Müffler	43
Bornholm 81	48
Das Ritual	54

CRIME
Spiegelei mit Speck	63
Der goldene Schuss	69
Die heimtückische Veganer-Klatsche	78

ARZTGESCHICHTEN
Dr. Bromfeld – Der Arzt, der die Frauen versteht	87
Aus dem Tagebuch eines Chefarztes	92
Doktor Frankenstein. Sprechstunden täglich	95
Die Nächste, bitte	100
Der Hausarzt im Mittelalter	106
Ganzheitlich tot	109
Meilensteine der Ohrentransplantation	112
Erinnerung an einen Landarzt	116
Der Gallenstein und seine gesellschaftliche Bedeutung	119

Der Busengott	123
Bekenntnisse eines Kinderarztes	127

ENDLICH 18. STORIES ZUR VOLLJÄHRIGKEIT

Heim, süßes Heim	133
Hauptsache, ein Dach über dem Kopf	139
Fehltritt mit Folgen…	145
Die lieben Kleinen…	150
Wenn der Prinz erwachsen wird	157
Volljährig – Warum muss das … mir passieren?	163
Meine erste Million	170
Eine schwierige Beziehung oder Mein erstes Auto	175

FRÜHE ARBEITEN. Texte aus den 1990er Jahren

Heini Krottenkötter, die literar. Stimme des Sauerlands	183
Don Quichotte – updated	187
Hermann Prembella, der Kampfdichter	194
Die Liebe, die Liebe… Eine Yuppie-Ballade	199
Bibliographische Nachweise	203
Inhalt	205

WEITERE BELLETRISTIK IM CHORA-VERLAG

Michael Domas
Herzmarinade. Liebesgedichte
188 S., geb. mit Schutzumschlag
ISBN 978-3-929634-74-7

Thomas Frahm
Bote aus Bulgarien. Roman
327 S., geb. mit Schutzumschlag
ISBN 978-3-929634-83-9

ders.
Träume ohne Schlaf. Bulgarische Frauengeschichten
152 S., geb. mit Schutzumschlag
ISBN: 978-3-929634-68-6

ders.
Träume sind das Teuerste. Roman
582 S., geb. mit Schutzumschlag
ISBN 978-3-929634-87-7

ders.
Wunderkiste
Werkstücke aus meiner Lebenskünstlerei
144 S., gebunden mit Schutzumschlag
ISBN 978--3-929634-80-8

Klaus Grospietsch
Königspudel mögen keinen Jazz. Lyrik & Lyrics
Mit 15 Zeichnungen von Tatjana Grospietsch
80 S., geb. m. Schutzumschlag
ISBN 978-3-929634-78-5

Evelina Jecker Lambreva
Bulgarischer Reigen
Fünf Erzählungen
166 S., geb. mit Schutzumschlag
ISBN 978-3-929634-81-5

Evelina Jecker Lambreva
Niemandes Spiegel
Gedichte (bulgarisch-deutsch)
145 S., geb. mit Schutzumschlag
ISBN 978-3-929634-65-5

RO Willaschek
Bastard. Werdegang eines Außenseiters
190 S., Hardcover mit Schutzumschlag
ISBN 978-3-929634-84-6

ders.
Der Mann in Rot. Köln-Kunst-Krimi
300 S., Paperback
ISBN 978-3-929634-73-0

Vladimir Zarev
Wenn dies die Zeit ist
Lyrik. Prosa. Publizistik
132 S., geb. mit Schutzumschlag
ISBN 978-3-929634-85-3

Gegenwarten
Bulgarische Prosa nach 1989
Übersetzt und herausgegeben von Thomas Frahm
202 S., geb. mit Schutzumschlag
ISBN 978-3-929634-64-8

Verborgenes Leben
Neue Prosa aus Bulgarien.
Herausgegeben von Evelina Jecker Lambreva
Aus dem Bulgarischen von Thomas Frahm
180 S., geb. mit Schutzumschlag
ISBN 978-3-929634-69-3

Weitere Informationen zu diesen Titeln unter
www.choraverlag.de